JN082721

マンマが教える

シチリアの
おうち
ごはん

文　小湊照子

料理監修　アガタ・ディ・フェーデ

❊ はじめに ❊

私がはじめてシチリアを訪れたのは2008年のこと。
当時北イタリアでシェアハウスをしていたルームメイトがシチリア出身の子で、
夏休みにひとりの私を心配して、実家に招待してくれたのです。
シチリアの別世界のような絶景はもちろんですが、
料理のおいしさに感動したのを今でもはっきり覚えています。
何よりも、マンマの料理がおいしくておいしくて…。

その後アガタマンマと知り合い、
まさにシチリアのマンマの象徴のような方だ！と思いました。
やさしくて豪快、料理は、子どもの時からマンマやおばあちゃん仕込みで覚え、
現在はプロとして活動されており、味はもちろん折り紙つき！
日本が大好きだと言う彼女と、
ぜひ日本の方にも、シチリアのマンマの味を紹介したいと話したのが
この本を作るきっかけとなりました。

「シチリアはいろいろな国や文化の影響を受けてきた島だから、
料理もそれを反映していて、とても奥深いです。
この本では、シチリアの家庭で一般的に作られている料理を
サラダからドルチェまで、幅広くご紹介しています。
ぜひ、おうちで作ってみて、覚えてほしいです。
私からのいちばんのアドバイスは、愛情を持って料理すること！
そうすればきっと楽しむこともできるはずだから」
とは、アガタマンマからのメッセージ。

ぜひ、日本のご家庭で、シチリアの家庭料理を味わってみてください。

Mamma Agata

Sommario もくじ

002 はじめに
008 シチリア料理とは？
010 シチリアの注目食材
012 オリーブオイルについて
014 本書に登場する食材
019 シチリア料理の準備編

Capitolo 1
野菜＆チーズ料理

022 オレンジとフェンネルのサラダ Insalata di arance e finocchi
023 パンテッレリーア島風サラダ Insalata pantesca
024 定番のカポナータ Caponata classica
026 シチリア風ブルスケッタ Bruschetta alla siciliana
027 なすのインヴォルティーニ Involtini di melanzane
028 なすのパテ Crema di melanzane
029 なすのコトレッタ Cotolette di melanzane
030 なすのリピエノのトマトソース煮込み Melanzane ripiene al sugo
031 かぼちゃのアグロドルチェ Zucca in agrodolce
032 ズッキーニのパルミジャーナ Parmigiana di zucchine
034 ブロッコリーの赤ワイン煮込み Broccoli affogati al vino rosso
035 カリフラワーのフリッテッレ Frittelle di cavolfiore
036 フライドポテトと玉ねぎのフリッタータ Frittata con patate fritte e cipolla
037 じゃがいもとサーモンのガトー Gateau di patate e salmone
038 ひよこ豆のスープ Zuppa di ceci
039 ブラックオリーブととろけるチーズ焼き Formaggio fuso in padella con olive nere

040 Curiosità ❋ シチリア人の食へのこだわり

Capitolo 2
パスタ＆米料理

042 手打ちパスタ　カヴァテッリ Cavatelli ／ マッケローニ Maccheroni
044 ノルマ風パスタ Pasta alla Norma
045 ノルマ風なすのインヴォルティーニ Involtini di melanzane alla Norma

046 シチリアマンマ風ロマネスコのパスタ Pasta con broccolo romanesco alla mamma siciliana

047 シチリア風ペーストのパスタ Pasta con pesto alla siciliana

048 馬車引き夫風スパゲッティ Spaghetti alla carrettiera

049 揚げズッキーニのパスタ Pasta con zucchine fritte

050 めかじきとなすのパスタ Pasta con pesce spada e melanzane

051 いわしとチェリートマトのスパゲッティ Spaghetti con acciughe e pomodorini ciliegini

052 いわしとフィノッキエットのパスタ Pasta con le sarde e finocchietto selvatico

053 エオリア風パスタ Pasta alla eoliana

054 サーモンのパスタ ブランデー風味 Pasta al salmone sfumato al brandy

055 ツナとドライトマトのパスタ Pasta con tonno e pomodori secchi

056 豚バラのトマトソースパスタ Pasta con il sugo di maiale

057 パスタのオーブン焼き Pasta al forno

058 えびとズッキーニのリゾット Risotto con gamberi e zucchine

059 えびとズッキーニのパスタ Pasta con gamberi e zucchine

060 かぼちゃとピスタチオのリゾット Risotto con zucca e granella di pistacchi

061 ほうれん草とパンチェッタのリゾット Risotto con spinaci e pancetta

062 牛肉のクスクス Couscous con carne di manzo

064 米のティンバッロ Timballo di riso

066 Curiosità ※ 料理とワインの合わせ方

Capitolo 3

肉＆魚料理

068 ポルペッテのトマトソース煮 Polpette al sugo

069 ピスタチオとクリームチーズのポルペッテ Polpette al pistacchio e Philadelphia

070 マンマのミートローフ Polpettone della mamma

072 ファルソマーグロ Falsomagro

073 牛肉のピッツァイオーラ（ピザ職人）風 Carne alla pizzaiola

074 牛肉のスペッツァティーノ Spezzatino di manzo

075 パレルモ風コトレッタ Cotoletta alla palermitana

076 メッシーナ風肉巻き Braciolette alla Messinese

077 ウサギ肉の白ワイン風味 Coniglio alla cacciatora

078 鶏肉のレモン風味 Pollo al limone

079 仔羊のオーブン焼き Agnello al forno

080　白いんげん豆と豚皮のスープ　Zuppa di fagioli e cotiche

082　たことじゃがいもとマンゴーの冷製サラダ　Insalata di polpo con patate e mango

083　干し鱈のサラダ　Insalata di pesce stocco

084　まぐろのアグロドルチェ　Tonno in agrodolce

085　Curiosità ※ イタリアの食後酒

086　いわしのベッカフィーコ　Sarde a beccafico

088　シチリア風めかじきのホイル焼き　Pesce spada al cartoccio alla siciliana

089　めかじきのインヴォルティーニ　Involtini di pesce spada

090　いかのリピエノ　Calamari ripieni

092　ムール貝とじゃがいもの温製サラダ　Insalata di cozze e patate

093　ムール貝のパン粉オーブン焼き　Cozze gratinate al forno

093　ミニトマトのパン粉オーブン焼き　Pomodorini ripieni al forno

094　Curiosità ※ シチリア人の朝ごはん

Capitolo 4

ドルチェ＆スナック

096　巻かないカンノーロ　Cannolo scomposto

097　基本のリコッタクリーム　Crema di ricotta

098　カッサータのオーブン焼き　Cassata al forno

100　ジャムのクロスタータ　Crostata di marmellata

101　復活祭のクッキー　Cuddure

102　グラニータとブリオッシュ　Granita e brioche

104　メッシーナ発祥リーゾ・ネーロ　Riso nero alla messinese

105　カターニア風アーモンド・チョコレート　Mandorle ricoperte di cioccolato alla catanese

105　アガタ流カスタードクリーム　Crema pasticcera di Agata

106　アランチーニ　Arancini

108　カターニア風スカッチャータ　Scacciata catanese

109　マンマプロデュースの食後酒

110　Indice 主な食材別索引

本書の使い方

材料表について

- 小さじ1は5㎖、大さじ1は15㎖、1カップは200㎖です。
- 調味料の「適量」とは好みの量です。
- オリーブオイルは、基本的にEXVオリーブオイルの使用をおすすめします（P.12参照）。
- パスタを茹でる際は、時間はパッケージの表示時間に従いアルデンテで、水の量はパスタの重量の10倍、塩加減はパスタ重量の10%がちょうど良いと言われています。例：140gのパスタを茹でる場合、水の量は1.4ℓ、塩は14g
- 野菜はとくに記載がない限り皮つきの重量です。野菜の「水洗いする」や「皮をむく」などの調理工程は省略していますので、ことわりのない限り必要に応じて調理してください。
- にんにくは、とくに記載がない限り、皮と芯を取り除いてください。
- 無塩バターと有塩バターを使い分けています。材料表で無塩バターとしているレシピを有塩バターで作る際は塩を加減してください。
- ケッパーは塩漬けが理想ですが、酢漬けでも代用可。その際、酢の水分をよくきって使ってください。
- とくに記載がない限り、塩は粗塩、こしょうは粗挽きの黒こしょうを使っています。

調理器具について

- オーブンやオーブントースターで加熱調理する前に付属の説明書をよく読んで、耐熱の器を使用してください。
- お使いのオーブンによって加熱時間に差が生じることがあります。本書記載の加熱時間を参考に、最適な加熱時間になるよう調整してください。

その他

- 分量は、パスタと米料理はそれ一品で十分に満足できる量、それ以外は付け合わせまたはメインと合わせてもう1〜2品食べることを想定した量にしています。
- 写真は、材料よりも多い分量のことがあります。

左から／シチリア東海岸はイタリア最大のオレンジ産地。／長いズッキーニは夏のシチリアの特産物のひとつ。／ペペロンチーノ（唐辛子）は、日本よりもだいぶ大きい。

シチリア料理とは？

文明の十字路、シチリア

　イタリアの最南端に位置するシチリア島は、温暖な気候で大地から採れる食材は種類も豊富。また、地中海の中心という立地から、さまざまな勢力・文化が交錯した歴史を持つ、文明の十字路と言われます。そんなシチリア料理のいちばんの特徴は、旬の食材がふんだんに使われていること。そして、歴史的な背景から、さまざまな食文化が融合されていることです。

　シラクーサに巨大都市を築いたギリシャ人は、ワインの醸造法、オリーブ、蜂蜜、アーモンド、オレガノなどを運んできました。現在のパンの原型になるものや、リコッタチーズの保存法なども、彼らから伝わったもの。

　ローマ帝国支配時代には、野菜の調理方法が豊富になり、にんにくの香りをオリーブオイルに移すという方法や、フォカッチャのようなパンがもたらされました。

　ビザンチン帝国支配下には、シナモンをはじめスパイスが採り入れられ、チーズの種類も豊富に。9世紀のアラブ人時代にはパスタが広まり、レモンやサトウキビ、サフラン、米なども持ち込まれました。シチリア名物ライスコロッケのアランチーニや、リコッタチーズが主原料のカンノーロやカッサータが生まれたのもこの時代。

　11世紀後半のノルマン人の支配下では、スカンジナビア地方から干し鱈（バッカラ）が持ち込まれ、狩猟民族である彼らの影響でロースト料理も発展しました。

　13世紀後半のフランスのアンジュー家、スペインのアラゴン王朝では貴族の料理が確立され、モディカのチョコレートの製法が伝えられるなどドルチェも発達。アメリカから唐辛子、トマト、いんげん豆など、インドからなす、パプリカ、といった野菜も伝えられ、カポナータはこの頃に生まれた料理とされています。

　その後、サヴォイア家、ハプスブルク家、そしてフランスのブルボン家の支配が続くなかで、貴族の高級料理と庶民の貧しい料理が融合し、現在のシチリア料理が確立されていきました。

マンマの味にかなうものなし！

　シチリア人が揃えて口にするのが「マンマの料理が最高！」ということ。どんな高級レストランの料理も、愛情たっぷりのマンマの味にはかないません。シチリア料理のポイントは、シンプルだけど、素材をうまく活かし引き立てる味つけです。工程もむずかしいものはほとんどなく、絶妙な塩加減やハーブを加えることで、びっくりするほどおいしく仕上がります。

　本書で料理を教えてくれるアガタマンマはよく「料理は何度も作っているうちに、自分の味を覚えていくものよ」とおっしゃいます。アガタマンマに、「ここ何グラムですか？」と聞くと、いつも「クアント・バスタ（Quanto basta＝適量）！」と手を見せながらの元気な返事が返ってきます。自分の手で、だいたいの量を覚えているのだそうです。最高のマンマの味は、経験の賜物。繰り返し作って、味見するのが最大のポイントと言えるかもしれません。

カターニアの魚市場は朝から活気があり、新鮮な魚介がいっぱい！

シチリアの注目食材

　食の豊かなシチリアには、数多くの食材の名産地があり、世界的にも評価の高い食材がたくさんあります。DOP（原産地名称保護制度）やIGP（保護指定地域表示）といった、限定された地域で基準を守り作った製品にのみEU（欧州連合）が認定する、食品の品質や安全性の保証と生産者の保護のための認証制度の食材の種類も豊富。日本でも手に入るものも多くあるので、機会があれば、ぜひレシピ実現の際に取り入れてみてください。料理のシチリアらしさがぐっと増すこと間違いなしです！

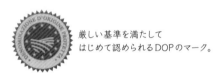

厳しい基準を満たして
はじめて認められるDOPのマーク。

MAPPA DELLA SICILIA

Salina
{ サリーナ島 }

Trapani
{ トラーパニ }

Palermo
{ パレルモ（州都）}

メッシーナ県

❸

トラーパニ県

パレルモ県

Bronte ― ❶
{ ブロンテ }

Etna{ エトナ山 }

Castelvetrano
{ カステルヴェトラーノ }

❻

エンナ県

カターニア県

Catania
{ カターニア }

Marsala
{ マルサラ }

アグリジェント県

カルタニセッタ県

シラクーサ県

Avola{ アーヴォラ }

❷

ラグーサ県

Pantelleria
{ パンテッレリーア島 }

N

❺

Modica
{ モディカ }

❹

Pachino
{ パキーノ }

① ブロンテのピスタチオ (DOP)

シチリア島の活火山エトナの北西に位置するピスタチオの名産地ブロンテ。ここでは世界中から注目される、高品質のピスタチオが生産されています。その実は「エメラルド」と呼ばれる色みで、甘みがあり風味が濃厚。火山灰の混ざった溶岩の土壌、収穫は2年に1回の奇数年のみ、という特殊な条件が合わさり、他のピスタチオと異なる仕上がりになります。

② アーヴォラのアーモンド

ギリシャの紀元前から栽培されている、アーヴォラのアーモンド。ピッツータ、ファッショネッロ、ロマーナなど異なる品種があり、お菓子にはもちろん、料理にも多用されています。アーヴォラのアーモンドは、一般的なものより栄養価も高く、味も繊細なので生で食べるのをおすすめします。一方ローストすると香ばしさと実の香りが増します。

Grosso (粗い)
Fino (細かい)

③ トラーパニの塩 (IGP)

シチリアの西側海岸トラーパニとマルサラ近郊には塩田が並びます。紀元前8世紀のフェニキア人の時代から作られている塩は、海水を塩田に移動させ、水分を蒸発させた完全に自然で無添加のもの。海の香りを感じさせ、ミネラルがたっぷりです。この塩を使い始めると他は使えない！ という方も多いです。

④ パキーノのチェリートマト (IGP) のドライトマト

シチリアの東南部に位置するパキーノは、とても甘いチェリートマトの名産地です。トマトソースなどにも使われ、ドライトマトにしてもとても甘くて風味が豊か。料理に使うトマトには、ここのチェリートマトをおすすめします。ワインのおつまみとしてそのまま食べてもおいしいです。

⑤ パンテッレリーア島のケッパー (IGP)

シチリアとアフリカの間に位置するパンテッレリーア島は、風の島と呼ばれています。火山島であるこの島の土壌は火山灰が混じっているため、農作物もミネラルを多く含みます。この島のケッパーの風味は他のものより濃厚。実は小さめですが、料理に使うと良いアクセントになります。

⑥ ノチェッラーラ・デル・ベリチェの食用オリーブ (DOP)

オリーブの名産地、カステルヴェトラーノを中心にベリチェ渓谷近郊で採れるオリーブ。収穫後、苛性ソーダの溶液につけて渋抜きをし、乳酸菌で発酵させるなど加工された後、無事食べられるオリーブとなります。このオリーブは、実がしっかりしていて食べ応えがあり、ジューシーです。

日本でシチリア食材が買える店
OLIVA SICULA (オリーバシクラ)
岡山県真庭市蒜山湯船299-3
TEL：0867-66-4833 / E-MAIL：luciosan85@msn.com

シチリア島ラグーサ出身のルーチョ・スケンバリ (Lucio Schembari) さんが経営する店。オリーブオイルやナッツ類などシチリアの製品を数多く扱っている。オンラインショップもあり。olivasiculashop.com

オリーブオイル について
Olio di oliva

樹齢60年以上で、
実のクオリティと収穫量が安定するオリーブ。

イタリア料理に欠かせないオリーブオイル

　シチリアでは、オリーブ畑を所有し10〜11月に自ら実を収穫して搾油所に持って行き、精油した自家製オイルを使う家庭も多く、畑を持たない家庭もこの時期に行きつけの農家で1年分のオリーブオイルを購入します。

　オリーブオイルの起源はとても古く、紀元前6000年前のパレスチナでは既に生産されており、紀元前3500年頃には、ギリシャのクレタ島で、オイルを保管していたとされる陶器なども発見されています。フェニキア人が紀元前8世紀頃、技術をギリシャ本土に伝え、その後ギリシャ人を通じてイタリア、シチリアにも入って来たとされています。とくにローマ人にとってオリーブオイルは生活の中でとても重要なものでした。料理に使うのはもちろん、彼らが愛していた浴場でのマッサージのためのアロマオイルのベースとしても使われていました。現在でもオリーブオイルが使われた石鹸やコスメは多く見られますが、何千年も前のローマ人にも同じような習慣があったとは驚きです。

　オリーブの木はとても長寿なことも特徴で、5世紀以上生きているオリーブの木が毎年実をつけることも、めずらしくありません。品種はイタリアにあるだけでも500以上。シチリアの主なオリーブの品種はビアンコリッラ（Biancolilla）、チェラスオーラ（Cerasuola）、ノチェッラーラ・デル・ベリチェ（Nocellara del Belìce）、トンダ・イブレア（Tonda iblea）など。

EXVオリーブオイルとは？

　EXV（エクストラヴァージン）は、オリーブの果実から抽出したものをろ過しただけのもの、そして、香りや成分など規定の品質をクリアしているもののみが名乗ることができる、最上質のオリーブオイルのこと。酸度が低く、香りが強く、色なども特定の条件を備えているのが特徴です。

　一方ピュアオイルは、精製されたオイルとヴァージンオイルを混ぜて作られます。シチリアでも、揚げ物に限っては、1年前のオリーブオイルやピュアオイル、ひまわり油やサラダ油など揚げ物用の油を使うことがあります。

シチリアの広大な大地に、オリーブ畑が広がっている。

シチリアを代表する
おすすめオリーブオイル

フルーティな味わいが特徴

レヴァンテ・ラ・シチリア
Levante La Sicilia

シラクーサでレストラン「ラ・カンブーサ」を経営されている秋草奈緒子さんがプロデュースした、極上のEXVオリーブオイル。トンダ・イブレア種のみを使っており、オリーブ搾りたてのジュースのような強い香りと味わいが特徴。シチリアのオリーブの香りがそのまま味わえるようです。オンラインショップ「プティア・シチリア（PUTIA SICILIA）」で購入可能。
putiasicilia.shop

自然の力強さを感じられる

テッレ・ディ・カミコ
Terre di Camico

若手のオーナー、ジュゼッペ・リバッシさんが2019年に立ち上げた会社が生産する、現地でも話題の製品。アグリジェント県でビアンコリッラという土着の品種のみで作られる最高品質のEXVオリーブオイル。風味も驚くほど濃厚でシチリアの大自然の香りが口いっぱいに広がるよう。ボトルのスタイリングもおしゃれ。
terredicamico.com

本書に登場する食材

シチリア料理には、さまざまなチーズやパスタ、ハーブを使用します。
本書では日本でも入手しやすいものや、代用できるものも記載しています。
これらの使い方を覚えると、料理のレパートリーも増えますよ！

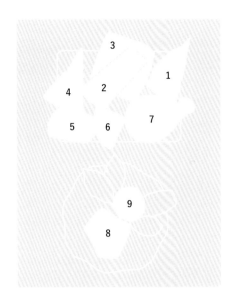

① パルミジャーノ・レッジャーノ
Parmigiano Reggiano

イタリアを代表するハードタイプ（※1）のチーズ。削って料理に使用されることが多い。北イタリアの限定された地域で規格を守って熟成され作られたチーズのみが名乗ることのできるDOP（原産地名称保護制度）認証の製品。❹グラナ・パダーノで代用可。本書ではパルメザンチーズと記載。なお、日本の「パルメザンチーズ」は粉チーズの総称。

② ペコリーノ
Pecorino

羊乳で作られたハードタイプのチーズ。パルミジャーノ・レッジャーノと同様、すりおろして料理に使われることも多い。ペコリーノ・シチリアーノは黒こしょう入りのものが定番で、塩気は強めで少し辛め。パルミジャーノ・レッジャーノと一緒に使うことも。カルボナーラに入れるペコリーノ・ロマーノが有名。

③ カチョカヴァッロ
Caciocavallo

プローヴォラの一種のセミハードタイプ（※2）のチーズで、こちらも切る前はひょうたん型。シチリア産ではDOPのラグサーノ（Ragusano）が有名で、他にパレルミターノ（Palermitano）などもある。熟成期間もさまざまで、燻製したものも。ちなみに、カチョカヴァッロは「馬のチーズ」の意味。

④ グラナ・パダーノ
Grana Padano

❶パルミジャーノ・レッジャーノと似たハードタイプのチーズ。よりまろやかな味わいなので、あえて代わりにこちらを使う人も。名前は「パダーノ平原の粒状の」チーズの意味。DOP認証の製品。

⑤ リコッタ・サラータ
Ricotta salata

フレッシュなリコッタチーズを乾燥させ、塩もみした後に熟成させた、セミハードタイプのチーズ。削ってパスタにかけたり、そのまま食べる。ノルマ風パスタ（P.44-45）には必須。塩もみ後に2日ほど休ませオーブンで焼いたリコッタ・インフォルナータもある。

⑥ トゥーマ・シチリアーナ
Tuma Siciliana

羊乳から塩を使わずに作られるシチリア特産のフレッシュタイプ（※3）のチーズ。熟成期間によって若干風味は異なる。食べやすい上に風味豊かなため、料理に使われることも多く、ピッツァや、アランチーニに使われるのはシチリアでは定番。ペコリーノの原型と言われる。

⑦ プローヴォラ
Provola

シチリアでは定番のひょうたん型のセミハードタイプのチーズ。熱湯の中で引きのばしながら練っていくパスタフィラータという製法で、繊維状の弾力に仕上がる。熱を加えると溶けるので、料理にもよく使われる。

⑧ リコッタチーズ
Ricotta fresca

チーズを作る際に出るホエー（乳清）を再度（リ）煮詰める（コッタ）ことでできる、フレッシュタイプのチーズ。低脂肪でさっぱりした味わい。羊、ヤギ、水牛の乳のものなどがある。ジャムと一緒にそのまま食べたり、砂糖と混ぜてドルチェ用のクリームにもなる。日本の分類では2015年よりチーズではなく「乳または乳製品を主原料とする食品」。

⑨ モッツァレラ
Mozzarella

加熱すると溶け、引っ張ると伸びる、パスタフィラータ製法の典型的なフレッシュタイプのチーズ。ナポリ近郊産のものが有名だが、シチリアでも生産されている。そのまま食べたり、サラダやピッツァにのせたり、料理に使ったりなど使い勝手がよい。

※1 ハードタイプ…製造工程において水分を35％未満に減らした硬質チーズ。熟成期間が長く、濃厚な風味やコクがある。

※2 セミハードタイプ…製造工程において水分を35〜45％に減らした半硬質チーズ。比較的クセもなく食べやすい。

※3 フレッシュタイプ…乳酸菌や酵素の働きで乳を凝固させ、ホエーを分離したチーズ。爽やかな風味と軽い酸味が特徴。水分が多くやわらかい。

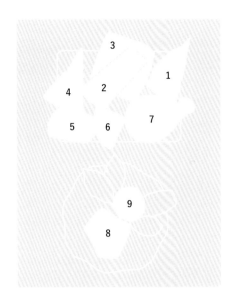

Pasta {パスタ}

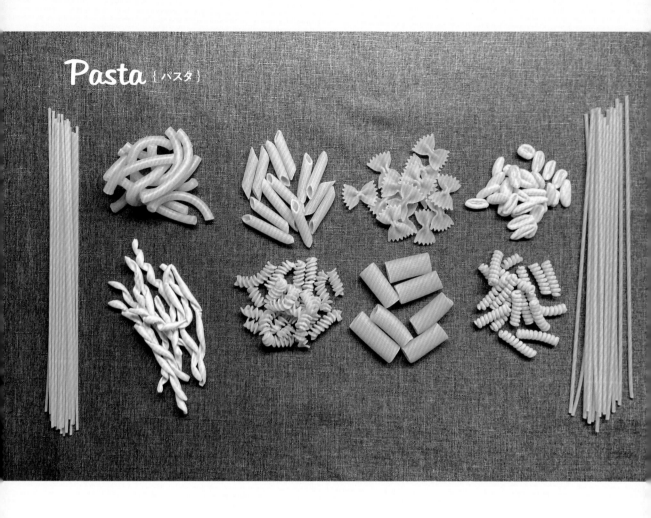

イタリア国内には、典型的なものを入れると、300以上の種類が存在すると言われています。シチリアでは、それぞれが好きな形のパスタ、というものはなく、このソースにはこのパスタが合う!という定義のようなものがあります。

1 スパゲッティ
Spaghetti

断面が円形で直径2mm前後の、世界的に最もオーソドックスなロングパスタ。どんなソースにも合うので便利だが、ラグーソースなど濃厚なソースには断面が四角形のキタッラを合わせるのがおすすめ。1.8mm前後はスパゲッティーニ、1.5mm前後はフェデリーニ、1.2mm前後はカペッリーニ。なお、断面が楕円形のロングパスタはリングイネという。

2 マッケローニ
Maccheroni

イタリア各地で定番のパスタ。発祥はシチリアと言われている。地域によって形状は異なるが、日本で定番のマカロニのような筒状のショートパスタもある。シチリアでは手打ちで作られることも多く（P.42-43参照）、竹串のようなものでのばして作る。ノルマ風パスタ（P.44-45）のようなトマトソースベースのパスタに合わせることが多い。

3 ブジアーテ
Busiate

シチリアのトラーパニ地方の名産パスタ。マッケローニと少し似ているが、手打ちの場合、串にくるくると巻きつけてねじっていく。シチリア風ペーストをはじめとしたペーストのパスタに合うとされる。

4 ペンネ
Penne

先端を斜めにカットしたショートパスタ。筒状のためソースに絡みやすく、家庭に欠かせないパスタのひとつ。表面に溝のあるペンネ・リガーテと、なめらかなペンネ・リッシェがある。

5 フジッリ
Fusilli

ねじったような形が特徴的。ブロッコリーのパスタや、チェリートマトが入ったものなど、野菜が入ったパスタに合わせるのが良いとされる。穴があいているもの❾と、あいていないものがある。

6 ファルファッレ
Farfalle

蝶ネクタイの形をしたかわいらしいショートパスタ（ファルファッレは「蝶」の意味）。幅広で凹凸があり、ソースに絡みやすいため、クリーム系のソースやペーストなどにおすすめ。冷製パスタに使うのも良し。

7 リガトーニ
Rigatoni

大きめの筒状のショートパスタ。表面に細かい筋が入っていてソースが絡みやすい。縞模様を意味する「rigato」が語源。ミートソースを使うパスタのオーブン焼きなどにおすすめ。

8 カヴァテッリ
Cavatelli

シチリアを中心にイタリア各地で食されている。真ん中に窪みがあり、ソースが絡みやすい。特別な道具を必要としないため、コツさえつかめば家で簡単に作れる（P.42-43）。豚バラのトマトソースパスタ（P.56）の定番。

9 フジッリ・ブカーティ
Fusilli bucati

❺のらせん状の意味の「フジッリ」に穴がある（bucati）タイプ。ロングタイプのものもある。ソースが絡みやすいらせん状のうえ、穴があいているためさらに絡みやすく、ペーストやクリーム系、ラグーソースなどが合う。

10 ブカティーニ
Bucatini

南イタリア発祥のパスタとされているが、ローマなど他の地方でも食べられている。直径3〜6mmの太めのロングパスタで、中に穴があいている。いわしや甲殻類に合うとされる。シチリアではいわしや甲殻類、ローマではアマトリチャーナに合わせるのが定番。別名「ペルチャテッリ（Perciatelli）」。

Erbe aromatiche 〔ハーブ〕

① イタリアンパセリ
Prezzemolo

シチリア料理では欠かせない存在。新鮮な葉を刻んだりちぎったりする際の香りの良さは抜群で、日本のパセリより食べやすい。生がなければ乾燥のものでもOK。

② ローリエ
Alloro

乾燥した葉を肉や魚の臭み消しとして煮込み料理に使われることが多い。ローリエ自体の薬効も高いとされ、イタリアではお腹が痛くなった時に沸騰したお湯に入れたものを飲むと痛みが引くと言われている。

③ ミント
Menta

スッとする爽快な香りが特徴で、魚介料理や野菜料理、マリネ液などに使われることが多い。料理やスイーツの仕上げに飾ると、盛りつけがぐっとおしゃれになる。

④ オレガノ
Origano

オリーブオイルとの相性がとても良く、サラダに入れたり、パンやフォカッチャにふりかけるだけでも、ぐっとイタリア料理らしさが増す。乾燥させたものを使う場合も多いが、特徴的な香りは変わらない。

⑤ ローズマリー
Rosmarino

肉、魚、野菜などあらゆる料理で使い勝手の良いハーブ。とくにグリルやオーブン料理には欠かせない。甘みの混ざった爽やかな香りは、少し入れるだけでも強く感じられるので、料理のアクセントにもなる。生と乾燥のものがあり、香りは乾燥のほうが強い。

⑥ バジル
Basilico

トマトソースの香りづけに使ったり、ペーストにしたり、料理の飾りつけに使われたり、とイタリアではかなり重宝されるハーブのひとつ。原産はインドから熱帯アジアで暑さに強いとも言われ、シチリアでは自宅のベランダのプランターや鉢で栽培している人も多い。

⑦ 野生のフィノッキエット
Finocchietto selvatico

南イタリアにしか生えない野生のハーブ。葉と茎の部分がハーブとして使われる。肉や魚の臭みを消すのに効果的。見つからない場合は、普通のフェンネルの葉の部分で代用可。なお、フィノッキオ（英語名フェンネル、日本語名ウイキョウ）とは別物。

シチリア料理の準備編

この本に登場するトマトソースのもとになるパッサータ、
細かいパン粉、コンソメスープの作り方、および、なすのアク抜き、ケッパーの塩抜き
などの方法についてご紹介します。

パッサータ
Passata

シチリア料理に欠かせない、いわゆるトマトピューレの
こと。シチリアでは、専用のトマト(San Marzano)が
出まわる7〜8月に、マンマが家で1年分の自家製の
パッサータを作る習慣が残っており、大きな鍋いっぱ
いにトマトを入れ、大量のソース保存用の瓶を煮沸消
毒する光景は、夏の風物詩。スーパーなどでも販売
していますが、マンマのものを使うのがシチリア流。

1.適当な大きさにざく切りした完熟トマト(または
チェリートマト)を鍋に入れ、木べらで時々つぶしな
がら30分ほど弱火にかける(400gのトマトから約
200mlのパッサータができる)。

2.トマトから水分が出て、くたくたの状態になった
ら、フードミル(写真はムーランという器具)にかけ
て、皮や種を取り除く。フードミルがない場合は、
フードプロセッサーかミキサーにかけ、さらにこし
器で裏ごしし、皮や種を取り除く。

にんにくやバジルの葉と一緒に煮込むと、絶品のトマト
ソースになる。これだけをパスタに絡めてもおいしい。

※本書のレシピのパッサータは、ホールトマト缶でも代用可。
ただし、事前にトマトをつぶしておくか、煮込みながら木べら
などでつぶすこと。また、市販品のパッサータもある。
◎本書で使うレシピ⇒P.24、27、30、32、44、45、56、57、
64、68、73、80、90、106

3.種と皮を取り除いてできたのが、パッサータ。

細かいパン粉
Pangrattato

{ パングラッタート }

イタリア料理で使われる細かいパン粉は、日本のパン粉（イタリア語で「パンコ（Panko）」）と異なりとてもキメが細かく、さらさらしています。そのため、油の吸収も抑えられるのも特徴。本書のレシピで日本のパン粉でも代用できますが、若干仕上がりが異なります。

購入して2〜3日経ち乾燥して硬くなったバゲット（a）やフランスパン（硬さが十分でない場合は、1〜2cmの角切りにしたものを150℃に熱したオーブンで表面に少し焼き色がつくまで焼く）を適当な大きさに切り分け、フードプロセッサーにかける。

少し大きめのパン粉が良い場合は、パンを袋に入れて、肉叩きで叩いてつぶす（b）。

※一度にたくさん作って、瓶などで保存しておくと便利。

◎本書で使うレシピ⇒P.29、30、35、37、52、69、70、75、76、86、89、90、93、106

コンソメスープ
Brodo vegetale

{ ブロード・ヴェジェターレ }

リゾットを作るときに必須のコンソメスープ。固形ブイヨンでも良いですが、やはり野菜から作るほうがずっとおいしいです。

500ml分の場合、玉ねぎ（小1個）、セロリ（1本）、にんじん（1本）それぞれを適当な大きさに切り、650mlの水に野菜と塩少々を入れ、1時間ほど煮込み、ざるでこす。

※市販のコンソメキューブで代用する場合は、1個（5g）を水250mlに溶かす。

◎本書で使うレシピ⇒P.58、60、61、74

ケッパーの塩抜き

ケッパー（地中海沿岸原産の風蝶草の花のつぼみ）の塩漬けは、必ず塩抜きしてから使います。酢漬けの場合は水気をしっかりきっておくだけでOK。

水洗いして塩を落とした後、ケッパーの2倍量の冷水に20分ほどつけ、その後水をきる。

なすのアク抜き

水にさらすのではなく、粗塩をふって一定時間おくのが、シチリアでは一般的なアク抜き方法。褐色に変色するのも防げます。

指定の厚さに切り、なすの重さの1%程度の塩をふった後、上から重石をのせて約30分〜1時間放置する。塩水につける場合1%程度の塩水に約1時間つける）。アクが出たらキッチンペーパーで水気をきれいに拭きとる。

Capitolo 1

野菜＆チーズ料理

Verdure e Formaggi

Insalata di arance e finocchi

〔 インサラータ・ディ・アランチェ・エ・フィノッキ 〕

オレンジと
フェンネルのサラダ

材料｜2人分｜

オレンジ… 1個（可食部100g）

フェンネル… 1/2個（可食部150g）

（赤玉ねぎ100gでも可。その場合、オレンジは倍の量に）

ブラックオリーブ（種なし）… 10粒程度

【ドレッシング】

白ワインビネガー… 小さじ1

EXVオリーブオイル… 大さじ2

レモン汁… 小さじ2

塩、こしょう… 各適量

作り方

1. フェンネルは緑の部分と葉は取り除き、4分の1に切り分け、繊維に沿って5mm〜1cm程度の薄切り（シチリアでは厚めが人気）にし、1時間以上冷水または氷水にさらす。オレンジは小房に分け、薄皮を包丁で除きひと口サイズに切り分ける。

2. ドレッシングの材料をよく混ぜる。

3. 1の水気をきったフェンネルを器に盛り、オレンジとブラックオリーブをのせ、食べる直前にドレッシングをかける。

古代ギリシャ・ローマ時代から
食用に使われているフェンネルは、
甘い芳香が特徴で胃薬としての薬効も。
酸味のきいたオレンジと合わせたサラダは、
冬から春先にかけての
シチリアの家庭料理の定番です。

シチリアでは、巨大レモン「チェドロ」をオレンジの代わりに使うことも。果実の酸味と白い部分（アルベド）の甘さのハーモニーが癖になります！

フェンネルの
代わりに赤玉ねぎを
使ってもOK。

Insalata pantesca

{ インサラータ・パンテスカ }

アフリカにもほど近いリゾート、パンテッレリーア島で生まれたボリュームたっぷりのサラダ。
島の特産物でもあるケッパーは必須で、地中海の旨みがたっぷり詰まっています。
オレガノとバジルの葉の香りがまた食欲を誘います。

パンテッレリーア島風サラダ

材料｜2人分｜

じゃがいも… 中1＋1/2個(220g)
チェリートマト… 6個(150g)(a)
赤玉ねぎ(または玉ねぎ)… 小1/2個(50g)
ブラックオリーブ
(またはグリーンオリーブ)… 10粒程度
ケッパー(塩漬け)… 小さじ1
※塩抜きしておく(P.20参照)
バジルの葉… 2枚
オレガノ… 小さじ2
赤ワインビネガー
(バルサミコ酢でも可)… 1/4カップ
EXVオリーブオイル… 大さじ1＋1/2
塩… 適量

a

作り方

1. じゃがいもは皮つきのまま水から茹で、竹串がスッと通ったら、火からおろして水をきる。粗熱をとり、あたたかいうちに皮をむき、4cm程度のざく切りにする。ブラックオリーブは種つきの場合は種を取って半分に、チェリートマトは4等分に切っておく。赤玉ねぎは薄切りにして、赤ワインビネガーに30分つけておく。バジルの葉はひと口大にちぎっておく。

2. 赤玉ねぎのビネガーをざるできり、1のその他の材料と共にすべてボウルに入れ、塩で味をととのえ、EXVオリーブオイル、オレガノの順に加え、均等に混ぜ合わせる。

Caponata classica [カポナータ・クラッシカ]

定番のカポナータ

シチリアの暑い夏の定番料理。
前菜としてもメインの付け合わせとしても大活躍。
めかじきの切り身を入れたりと
自由度が高いのも魅力です。
甘酸っぱい味つけで、パンやグリッシーニと
一緒に食べるのがシチリア風！

材料 | 2人分 |

なす(2〜3cm角に切る)… 1 + 2/3 個 (200g)
※アク抜きしておく(P.20参照)
セロリ(葉と茎を1cm角に切る)… 1/4 本 (30g)
赤玉ねぎ(または玉ねぎ)(輪切り)… 小 1/2 個 (50g)
松の実… 大さじ 1
ドライレーズン(ぬるま湯でもどす)… 10g
ミントの葉(みじん切り)… 1 枚
パッサータ(P.19参照)… 大さじ 4
白ワインビネガー… 大さじ 3
EXV オリーブオイル… 適量
砂糖… 大さじ 1 + 1/2
塩、こしょう… 各適量

作り方

1. 白ワインビネガーに砂糖を溶かしておく。ドライレーズンはぬるま湯（分量外）に15分ほどつけておく。深めのフライパンで約190℃に熱したEXVオリーブオイルでアク抜きしたなすをカラッと素揚げする。

2. 小さな鍋にお湯を沸騰させ、セロリを1分ほど茹でる（茹で汁は捨てずにとっておく）。

3. 別のフライパンにEXVオリーブオイルを熱し、赤玉ねぎをじっくり中火で炒める。しんなりしてきたら、2のセロリと、セロリの茹で汁を大さじ2加える。2分ほど弱火で煮込んだら、1のなすを加え2分ほど混ぜながら煮込む（a）。

> point › セロリの茹で汁を加えることで香りが良くなるので、少し多めに加えてもOK!

4. 水をしっかりきったドライレーズンと松の実を加えて十分に混ぜてからパッサータを加え、5分ほど弱火で煮込む。

5. 1の白ワインビネガーを加え酸味をとばし、ミントの葉を加え、塩、こしょうで味をととのえたら弱火で2分ほど煮込み、味をなじませる。冷やすと塩味が濃く感じられるので、やや薄めの塩加減にとどめておく。

6. 粗熱がとれたら、冷蔵庫で2〜3時間冷やす。一日おくと、さらにおいしくなる。

a

日本でも定番のブルスケッタ。
シチリアの特産物であり、多くの料理に欠かせない
アンチョビとケッパーが使われているところがシチリア風。
簡単にできるので、前菜やおつまみにどうぞ。

シチリアではカザレッチョ
(Casareccio) というパン
を使うのが一般的。バゲッ
トより大きめて、家庭的て
素朴な味。

Bruschetta alla siciliana
{ ブルスケッタ・アッラ・シチリアーナ }

シチリア風ブルスケッタ

材料 | ブルスケッタ4個分 |

バゲット… 約4cm
完熟トマト… 中1個(150g)
アンチョビ
(いわしのオイル漬けや塩漬けても可)… 2枚
にんにく(みじん切り)… 1/2片
ケッパー(塩漬け)… 小さじ1
※塩抜きしておく(P.20参照)
オレガノ… 小さじ1/2
バジルの葉… 1枚
EXV オリーブオイル
… 大さじ1＋仕上げ用(適量)
塩、こしょう… 各適量

作り方

1. 完熟トマトはきれいに水洗いした後、キッチンペーパーでよく水気を拭き、1cmの角切りにする。ケッパーとアンチョビは塩抜きし、アンチョビは、ひと口サイズに切っておく。

2. ボウルにトマト、にんにく、オレガノ、手で小さくちぎったバジルの葉、EXV オリーブオイルを入れて混ぜる。さらにケッパーを加え、塩、こしょうで味つけする。

3. 2を冷蔵庫で10分ほど冷やしてなじませる。

4. バゲットを1cm幅に切り、魚焼きグリルかオーブントースターで両側の表面を焦げ目がつく程度にカリカリに焼く。バゲットの上に3をのせる。アンチョビを上に添えて、上からもう一度EXV オリーブオイルをふりかける。

材料｜2〜3人分｜

米なす（縦に厚さ5mmに切る）
… 3/5 個（約180g）
※アク抜きしておく（P.20参照）

ハム（薄切り）… 100g

にんにく（つぶしておく）… 1/2 片

プローヴォラ
（または水気をしっかりきったモッツァレラで代用可）
（細切り）… 100g

パッサータ（P.19参照）… 1/2 カップ

EXV オリーブオイル… 適量

塩… 適量

a

b

作り方

1. トマトソースを作る。深めの鍋にEXV オリーブオイルとにんにくを入れてから中火にかけ、にんにくが色づき香りが出てきたら、パッサータを加える。塩で味をととのえ、弱火で15分ほど煮込む。

2. フライパンにEXV オリーブオイルを170℃に熱し、アク抜きしたなすを素揚げし、キッチンペーパーで1枚ずつ油を吸わせ、粗熱をとる。

3. 2のなすの片面の上半分くらいにハム、チーズの2/3量をのせて（a）巻く（爪楊枝で留めても良い）。

4. 耐熱皿に薄くトマトソースを塗り、3のロールを並べ、上から残ったチーズをふりかけて（好みで上からさらにトマトソースをかけても良い）（b）、180℃に予熱したオーブンで5〜10分焼く。チーズが溶けたらできあがり。

なすのインヴォルティーニ

Involtini di melanzane ［インヴォルティーニ・ディ・メランザーネ］

とろけたチーズとトマトソースと揚げなすのハーモニーが最高の、
なすのインヴォルティーニ（巻き料理）。フルーティーな赤ワインとの相性が良く、
友達とワイワイしながらアペリティーボなどで食べるのにぴったりです！

Crema di melanzane

{ クレーマ・ディ・メランザーネ }

なすのパテ

小腹が空いた時や、パスタに和えたり、
お肉に添えて出したり、使い勝手も良く便利なパテ。
クロスティーニ(スライスしたパンをトーストしたもの)
の上にのせて食べるのが一般的。
ドライトマトで甘みを加えるのがアガタ流!

材料│2人分│

なす(4〜5cm角に切る)… 1 + 2/3 個(200g)
※アク抜きしておく(P.20参照)
ドライトマト(オイル漬け)… 1〜2枚
生アーモンド… 5g
松の実… 5g
バジルの葉… 2枚
パルメザンチーズ… 20g
EXV オリーブオイル… 大さじ2
サラダ油… 適量(揚げ物用)
塩… 少々

作り方

1. アク抜きしたなすを190℃に熱したサラダ油でカラッと素揚げし、しっかり油をきっておく。

2. 1と残りの材料をミキサーまたはフードプロセッサーにかけ、ペースト状にして冷ます。

3. 好みで、クロスティーニやトーストしたバゲットにのせ、あればバジルをちぎってEXVオリーブオイルをふりかける。

コトレッタとはパン粉をつけて揚げた料理のこと。
夏の暑い時に、テラスで友達と集まって
白ワインを飲みながら、つまむのにもぴったり。
カリカリの衣がクセになり、前菜にもメインにもなります。

a

Cotolette di melanzane

{ コトレッテ・ディ・メランザーネ }

なすのコトレッタ

材料｜2人分｜

米なす(縦に厚さ1cmに切る)… 1個(300g)
※アク抜きしておく(P.20参照)
イタリアンパセリ(みじん切り)… 大さじ 2/3
溶き卵… 1個分
パルメザンチーズ(削っておく)… 30g
細かいパン粉(P.20参照)… 60g
EXV オリーブオイル… 適量
塩、こしょう… 各適量

作り方

1. ボウルにパルメザンチーズ、パン粉、イタリアンパセリを入れ、しっかり混ぜ、塩とこしょうで味をととのえる(a)。

2. アク抜きしたなすを溶き卵にくぐらせ、1をまんべんなく表面につける。

3. 深めのフライパンに EXV オリーブオイルを約190℃に熱し、両面がきつね色になるまでカラッと揚げる。好みで野菜を添える。

リピエノとは詰め物のこと。
おいしくて見た目もかわいらしいので、
カジュアルなトラットリアや
アグリツーリズモでもポピュラーな家庭料理。
夏の定番で、海に行く合間のランチとして
マンマに用意してもらう
シチリアっ子も多い。

{ メランザーネ・リピエーネ・アル・スーゴ }

Melanzane ripiene al sugo
なすのリピエノのトマトソース煮込み

材料｜2人分｜

なす… 3〜4個(400g)

(米なす1 + 1/3個でもOK)

ハム(1cm角に切る)… 20g

固茹で卵(1cm角に切る)… 1/2個

※水から卵を入れ沸騰してから12分

にんにく(つぶしておく)… 1/2片

イタリアンパセリ(みじん切り)… 小さじ2

ミントの葉… 1枚

プローヴォラ(または水気をしっかりきったモッツァレラで

代用可)(1cm角に切る)… 20g

パルメザンチーズ(削っておく)… 大さじ1

細かいパン粉(P.20参照)… 30g

パッサータ(P.19参照)… 2カップ

EXV オリーブオイル… 適量

塩、こしょう… 各適量

作り方

1. トマトソースの準備をする。鍋に EXV オリーブオイルとにんにくを入れてから中火にかけ、にんにくが色づき香りが出てきたら、パッサータを加える。塩で味をととのえ、弱火で15分ほど煮込む。その後、にんにくを取り出しておく。

2. なすのへたを円錐形に切り出し(尖った部分を下にしてふたにする)、切り口まわりの皮を見映えよく薄くむく。中身をナイフとスプーンでくり抜き5mm角に切る。米なすの場合は半分に切って中身をくり抜く(ふたはなし)。

3. 2の角切りしたなすを、EXV オリーブオイルをたっぷり熱したフライパンでしんなりするまで中火で炒める。

4. ボウルにパン粉、パルメザンチーズ、プローヴォラ、ハム、茹で卵、3のなすを入れて混ぜ合わせる。ミントの葉を手でちぎって入れ、さらに塩、こしょうで味つけすれば、リピエノ(中身)の準備完了。

5. 2のなすの外身に4を詰め(a)、2で円錐形にくり抜いたなすでふたをする(b)。うまくふたがくり抜けなかった場合は、爪楊枝で留める。

a

b

6. 5を1の鍋に入れてふたをし、弱火で30分ほど煮込む。

`point` なすのふたの部分にちゃんと火が通るように!

素揚げしたかぼちゃをマリネした一品。
肉や魚のメインの付け合わせとして、
また前菜として
プローヴォラのようなチーズと合わせて
食べるのもおすすめ。
さっぱりとした甘酢っぱさなので、
クセになる味です。

{ ズッカ・イン・アグロドルチェ }

Zucca in agrodolce

かぼちゃの アグロドルチェ

材料｜2人分｜

かぼちゃ… 1/4個（可食部200g）
にんにく（輪切り）… 1/2片
イタリアンパセリ（みじん切り）
… 小さじ1
白ワインビネガー… 大さじ2
EXVオリーブオイル… 大さじ2
砂糖… 大さじ1
塩、こしょう… 各適量

作り方

1. かぼちゃは、種とワタ、皮を取り除き1cm角に切る。

2. フライパンにEXVオリーブオイルを中火で熱し、かぼちゃを入れる。何度もひっくり返しながら、両面に焼き色がつき、竹串がスッと通るくらいやわらかくなるまで火が通ったら、器に移しておく。

> **point** かぼちゃの品種にもよるが、2の前に電子レンジで数分あたためると火の通りが早くなる。

3. 2のフライパンに残ったEXVオリーブオイルを常温まで冷まし、にんにくを入れてから中火にかけ、にんにくが色づき香りが出てきたら、白ワインビネガーと砂糖を加えて煮立たせる。

4. 砂糖が完全に溶けたら、フライパンに2のかぼちゃを戻し、2～3分ほどひっくり返しながらよくなじませ、最後に塩、こしょうで味をととのえ、イタリアンパセリをふりかけ、あれば葉を飾る。

5. すぐに食べても良いが、冷蔵庫で半日～1日冷やしたほうが、味がよく染みておいしい。

a

Parmigiana di zucchine 〔パルミジャーナ・ディ・ズッキーネ〕

ズッキーニのパルミジャーナ

パルミジャーナはなすを使ったものがメジャーですが、ここではズッキーニを使用したものをご紹介。
ズッキーニを揚げるのではなく焼くことで少しライトな仕上がりになっているのがポイント。
持ち寄りパーティーにも最適です。

b　　　　　　　　　　　c　　　　　　　　　　　d

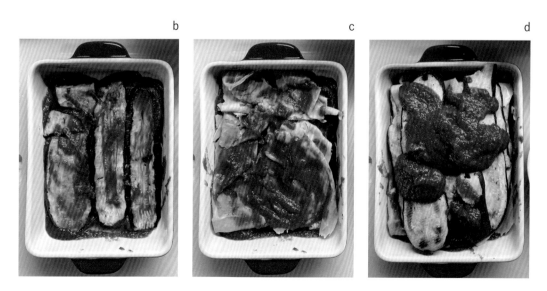

材料｜約3〜4人分｜

ズッキーニ… 1＋1/2本（約300g）

固茹で卵（6等分の輪切り）… 1個
※水から卵を入れ沸騰してから12分

ハム… 50g

プローヴォラ（または水気をしっかりきった
モッツァレラで代用可）… 75g

パルメザンチーズ（削っておく）… 25g

オレガノ… 小さじ1

EXV オリーブオイル… 適量

塩、こしょう… 適量

【トマトソース】

玉ねぎ（みじん切り）… 小1/7個（15g）

バジルの葉… 1枚

パッサータ（P.19参照）… 2カップ

EXV オリーブオイル… 適量

塩… 少々

作り方

1. トマトソースを準備する。深めの鍋にEXVオリーブオイルを中火で熱し、玉ねぎを炒め、しんなりしてきたらパッサータを加える。塩で味をととのえた後、バジルを加え、時々混ぜながら弱火で30〜40分煮込む。

point トマトソースの水気がなくなるまで濃縮させる。

2. ズッキーニを縦長2〜3mm程度の厚さに切り、表面に焼き目がつく程度にフライパンか網焼きでグリルする。

3. プローヴォラは薄切り（モッツァレラの場合は適当な大きさに角切り）にしておく。

4. 耐熱皿にトマトソースを薄く塗り（a）、ズッキーニの1/3量を縦方向に並べ、上に薄くトマトソース（b）、パルメザンチーズ半量、プローヴォラ半量、ハム、再びトマトソース（c）の順に重ねる。

5. 1/3量のズッキーニを今度は横向きに並べ、薄くトマトソース、さらに半量のパルメザンチーズ、茹で卵、残りのプローヴォラで層を作る。

6. 残りのズッキーニを縦方向に並べ、残ったトマトソースをのせ（d）、パルメザンチーズとオレガノを軽くふりかける。

7. 200℃に予熱したオーブンで約25〜30分焼く。表面に焦げ目がついたら取り出し、粗熱がとれたら切り分けて器に盛りつける。

{ ブロッコリー・アッフォガーティ・アル・ヴィーノ・ロッソ }

Broccoli affogati al vino rosso

とてもシンプルな野菜の付け合わせ。アンチョビやブラックオリーブを加えてもおいしいです。
辛いのが好きな方は、唐辛子を加えるのも良し。
カターニアではクリスマスの時期によく食べられ、スカッチャータ(P.108)の具に使われることも。

ブロッコリーの赤ワイン煮込み

材料 | 2人分 |

ブロッコリー… 1株(可食部200g)
にんにく… 1/2片
ペコリーノ(またはパルメザンチーズ)
(削っておく)… 好みで適宜
赤ワイン… 1/2カップ
EXV オリーブオイル… 大さじ2
塩、こしょう… 各適量

作り方

1. ブロッコリーは小房に分けておく。にんにくは芯を取り除き、つぶしておく。

2. 焦げつきにくいフッ素加工などの鍋にEXVオリーブオイルとにんにくを入れてから中火にかけ、にんにくが色づき香りが出るまで炒める。火を止め、にんにくを取り出し、オイルを冷ます。

3. 2にブロッコリーを加え、再度弱火にかけ(a)、ふたをして15分ほど煮込む。底に焦げつかないように、時々木べらで混ぜる。

4. 赤ワインを加えてふたをして、さらに弱火で15分煮込む。

5. 塩、こしょうで味をととのえ、好みでペコリーノを加えて混ぜる。

point ペコリーノは塩気が強いので塩加減に注意!

a

a

シチリア料理の前菜の定番。
パルメザンチーズと細かいパン粉の衣に絡めて
揚げたほくほくのカリフラワーは、
つい食べ過ぎてしまうほど。
おつまみにもぴったり！
カリフラワーを完全につぶすのがポイントです。

材料｜4〜6個分｜

カリフラワー… 1/2株(可食部250g)
卵… 1個
パルメザンチーズ(削っておく)… 35g
細かいパン粉(P.20参照)
… 大さじ1＋1/2
イタリアンパセリ(粗みじん切り)
… 小さじ2
赤唐辛子(輪切り)… 1/2本
サラダ油… 適量(揚げ物用)
塩… 適量

作り方

1. カリフラワーは葉や茎の硬い部
   分を取り除き、小房に分け、沸
   騰したお湯に塩を入れ竹串が
   スッと通るくらいになるまで茹
   でる。

2. 水気をしっかりきってボウルに
   入れ、フォークの背でつぶしな
   がら、卵、パルメザンチーズ、パ
   ン粉、イタリアンパセリ、赤唐辛
   子を入れてよく混ぜる(a)。

3. 4〜5cmほどの楕円形にした
   後、180〜190℃に熱した油で
   両面にやや焦げ目がつくまでカ
   ラッと揚げる。

{ フリッテッレ・ディ・カーヴォルフィオーレ }

Frittelle di cavolfiore
カリフラワーのフリッテッレ

a   b

作り方

1. じゃがいもは1.5cm幅のスティック状に切って水洗いし、キッチンペーパーで水気をとっておく。フライパンにサラダ油を熱し、170℃でじゃがいもを揚げる（冷凍フライドポテトの場合も揚げておく）。少し色がつきはじめたらフライパンから器に移し余分な油をきって、粗熱をとる。

2. ボウルに卵を溶きほぐし、パルメザンチーズを加えて混ぜ、塩、こしょうをひとつまみずつ加える。

3. フライパンにバターを熱し、赤玉ねぎを中火で炒め、しんなりしてきたら（a）、1のフライドポテトを入れ（b）、塩、こしょうで味をととのえ、2を加える。

4. ふたをして5分ほど中火で焼き、焼き目がついたら裏返し、5分ほど焼く。

> **point** 裏返すのが難しい場合は、大きめの皿をフライパンに被せ、フライパンを返して一度皿に取り出し、フライパンにスライドするように移すとうまくできる。

5. 両面にきれいに焼き目がついたらできあがり。

材料｜直径22〜24cmのフライパン、6〜8人分｜
じゃがいも（または冷凍のフライドポテト）
… 2個（300g）
赤玉ねぎ（または玉ねぎ）（薄切り）
… 小2/3個（約70g）
卵… 5個
パルメザンチーズ（削っておく）… 70g
バター… 30g
塩、こしょう… 各適量
サラダ油… 適量（揚げ物用）

Frittata con patate fritte e cipolla

〔フリッタータ・コン・パターテ・フリッテ・エ・チポッラ〕

フライドポテトと玉ねぎのフリッタータ

フリッタータとは、
イタリアのオムレツのこと。
具は何を入れても良いのですが、
じゃがいもと玉ねぎの
組み合わせは、
シチリアでも王道。
冷凍のフライドポテトを使うと
よりお手軽にできます！

Gateau di patate e salmone

{ ガトー・ディ・パターテ・エ・サルモーネ }

ガトーは、フランスが起源のシチリアでも定番の料理。
冷めてもおいしく食べられるフィンガーフードなのでアペリティーボの時のおつまみとしても大活躍します。
中に入れる具は、ポルチーニ茸やハムなど何でもOK。

じゃがいもとサーモンのガトー

材料｜2〜3人分｜

じゃがいも… 2個 (300g)
スモークサーモン (2〜3cm角に切る)… 100g
溶き卵… 1個分
プローヴォラ (スライスチーズまたは水気をしっかり
きったモッツァレラで代用可) (1cm角に切る)… 50g
パルメザンチーズ (削っておく)… 40g
細かいパン粉 (P.20参照)… 大さじ2
EXV オリーブオイル… 適量
塩、こしょう… 各適量

作り方

1. じゃがいもは皮つきのまま水から茹で、竹串がスッと通ったら火からおろして水をきる。粗熱がとれたら、あたたかいうちに皮をむき、適当な大きさに切り分けた後、フォークでつぶしていく。

2. 耐熱皿に EXV オリーブオイルを薄く塗り、じゃがいも半量を敷き詰め、スモークサーモン、パルメザンチーズ、プローヴォラ (いずれも半量)をのせ、こしょうをふりかける。

3. 残りのじゃがいも、スモークサーモン、プローヴォラをのせ (a)、パルメザンチーズをふりかける。

4. 溶き卵にパン粉、EXVオリーブオイル大さじ1、塩、こしょうを混ぜ、3の全体を覆うようにかける (b)。

5. 200℃に予熱したオーブンで、表面に焦げ目がつくまで、25〜30分焼く。

a

b

寒くなると、皆マンマのズッパが食べたくなるシチリア人。
とってもやさしいマンマの味のこのスープは
パスティーナ（スープ用の小さなパスタ）と
一緒に食べることが多いですが、
クロスティーニ（P.28）を添えても良し。
栄養たっぷりなので、風邪の時にもおすすめ。

〔 ズッパ・ディ・チェーチ 〕
Zuppa di ceci
ひよこ豆のスープ

a　　　　　　b　　　　　　c

材料｜2人分｜
ひよこ豆（乾燥）… 150g
（または水煮缶300gでも可）
ズッキーニ… 1/4 本（50g）
にんじん… 1/2 本（75g）
セロリ（茎と葉）… 1/2 本（50g）
玉ねぎ… 中1/2 個（80g）
ローズマリー（生）… 1枝
セージの葉… 3枚
EXV オリーブオイル… 適量
塩、こしょう… 各適量

作り方
1. ひよこ豆はひと晩（12時間）水につけておき、その後水洗いし、水気をきっておく。

2. ズッキーニは厚さ1cmのいちょう切りに、にんじんは厚さ1cmの輪切り、セロリの茎は5mmの輪切り、葉はざく切りに、玉ねぎは1cmの乱切りにしておく。

3. 鍋にたっぷりのお湯を沸騰させ2とひよこ豆を入れ(a)、弱火で3時間（水煮缶の場合は野菜がすべてやわらかくなるまで）煮込む(b)。ひたひたよりも水位が減ったら適宜水を足す。

4. 塩、こしょうで味をととのえ、1/4量をミキサーにかける。

5. 別の鍋にEXVオリーブオイルを熱し、ローズマリーとセージの葉を香りが出るまで炒めたら(c)、4でミキサーにかけた分とかけない分すべてを入れて混ぜて、さっと火を通す。火を止めた後、ローズマリーとセージの葉は取り除いておく。

6. 器に盛りつけ、EXVオリーブオイルをかけ、あればローズマリーを飾る。

Formaggio fuso in padella con olive nere

{ フォルマッジョ・フーゾ・イン・パデッラ・コン・オリーヴェ・ネーレ }

a

b

ブラックオリーブと とろけるチーズ焼き

材料｜2人分｜

カチョカヴァッロ（プローヴォラで代用可）… 150g
ブラックオリーブ… 10粒程度
にんにく（皮つき）… 1片
オレガノ… 少々
白ワインビネガー… 大さじ1
EXVオリーブオイル… 大さじ2
塩… ひとつまみ
こしょう… 少々

焼いて食べるのがおいしいカチョカヴァッロ。
たっぷりのオリーブオイルで
揚げ焼きするのが
シチリアでの食べ方。
オレガノと白ワインビネガーのフルーティーな味が、
とろけたチーズと絶妙に合います。

作り方

1. カチョカヴァッロは0.7〜1cm程度の厚さに切る。

2. フライパンにEXVオリーブオイルと皮つきのにんにくを丸ごと入れてから中火にかける。

3. 香りが出てきたら、**1**のチーズを入れる。

4. チーズの表面が少し溶けてきたら裏返す（a）。
   point 完全に溶けない程度に、表面のみとろっと溶かすことがポイント。

5. 反対側の表面も少し溶けてきたら、オレガノをふりかけ、塩とこしょうで味つけする。

6. 上から白ワインビネガーをふりかけ、ブラックオリーブを加える（b）。

7. ブラックオリーブにも火が通ったら、器に盛りつける。

シチリア人の食へのこだわり

食が豊かなシチリア島。住んでいる人々の食へのこだわりも相当なものです。
イタリアのなかでもとりわけ食や食事中のこだわり、ルールがあります。

パンは逆さまに
置かない

　シチリアの食卓に欠かせないパン。ゲストがいる時は切られた状態で置かれている場合が多いですが、自宅などでは塊で置かれている場合もあります。パンを手に取りうっかり上下逆さまに置いたら大変！ シチリア人は割と本気で怒ります。キリストの体とされるパンは逆さまに置かない、あるいは、縁起が悪いと諸説ありますが、どちらにしても、気を付けましょう。

パスタのシェアは
NG

　最近ではここシチリアでも割と一般的となったシェア文化。唯一かなり嫌がられるのが、パスタをシェアすること。理由は「スマートではないし、取り分けているうちに冷めてしまう」ため。日本人がラーメンやうどんをシェアしない感覚なのでしょうか。どうしてもシェアしたい場合は、注文の際に事前に分けて持ってきてもらうように頼んでみましょう。

魚介のパスタに
パルメザンチーズはNG

　イタリアンで定番のパルメザンチーズを削ったものは、魚介のパスタにかけるのはNG！ それはパルメザンチーズ特有の旨みが魚介の味を邪魔してしまうから。好みによるので、一概には言えませんが…。ちなみに私の夫（シチリア人）は、どんなパスタにもチーズをたっぷりかけたがります。

カプチーノは朝だけ

　行きつけのバールでコーヒーを楽しむイタリア人。ただ、カプチーノだけは朝のみ飲むもの。なぜなら牛乳のたっぷり入ったカプチーノは、pesante（イタリア語で「重たい」の意味）なので、「消化に良くないから、朝飲むべき」と考えられているため。実際、レストランで食後にカプチーノを頼むと、そもそも牛乳が無い場合が多いです。

ジェラートの組み合わせに注意

　ジェラートのフレーバーは大きくフルーツ系（レモン、イチゴ、メロンなど）とクリーム系（チョコレート、バニラ、ミルクなど）に分けられています。シチリア人的には系統の異なる種類のフレーバーを組み合わせるのはNG。理由は「合わない」から。

イタリア人にとって
朝限定の飲み物
カプチーノ。

Capitolo 2
パスタ＆米料理
Pasta e Riso

手打ちパスタの作り方

シチリア定番のパスタ2種類。
アガタマンマは早業で形成してしまいますが、むずかしそうに見えても
コツさえつかめば簡単にできるので、一度にたくさん作っておくのもおすすめ。
冷蔵庫で3日、冷凍で2か月保存可能です。

a　　　　　　　　　　b　　　　　　　　　　c　　　　　　　　　　d

① カヴァテッリ
Cavatelli

材料(4人分)

デュラムセモリナ粉※… 300g
ぬるま湯… 3/4カップ
塩… ひとつまみ
EXVオリーブオイル… 大さじ1

② マッケローニ
Maccheroni

材料⇒カヴァテッリと同じ

作り方

5まで同じ

6. 切り分けた生地(長めの麺が良い場合は、生地も少し長めに切る)の真ん中部分に竹串を置き、台の上に押しつけながらくるくるとのばし、巻きつける(f)。

7. パスタを手のひらで軽く押さえ、形を壊さないようにスッと竹串を抜く。

作り方

1. 大きめのボウル(または台に直接)にセモリナ粉を入れる。中央を窪ませ(a)、そこに塩を入れグルグルと手で混ぜていく。

2. EXVオリーブオイルを加えさらに混ぜ(b)、ぬるま湯を加え(c)、生地を手のひらに体重をかけて押しつけるようにしながらこねていく。

3. 生地がある程度ひとまとまりになったら(ボウルの場合も台の上に取り出し)、さらに**2**と同じ要領で10分こねる(d)。

4. 生地の表面が滑らかになったら、ラップをして冷蔵庫で20分ほど休ませる。

5. **4**の生地を包丁で約10等分に切り、それぞれを手でくるくると棒状にのばす。好みの太さになったら、幅1〜2cm程度に切り分ける。

6. 切り分けた生地を、親指または指2本でぎゅっと押して手前に反転させ、真ん中に窪みができた状態にしたら(e)、セモリナ粉(分量外)を打ち粉したトレイに並べる。

7. 沸騰したお湯に塩ひとつまみを入れて7〜8分茹で、好みのソースに和えて召し上がれ。

※薄力粉でつくる場合は、ぬるま湯の代わりに卵を入れ(100gに対し卵1個)、冷蔵庫で休ませる時間を最低でも30分〜1時間と長めにします。また、茹で上がり時間はセモリナ粉を使う場合の半分程度になります。

① Cavatelli
〔 カヴァテッリ 〕

e

f

② Maccheroni
〔 マッケローニ 〕

Pasta alla Norma

{ パスタ・アッラ・ノルマ }

ノルマ風パスタ

なす、バジルとトマトソースに、塩気のあるリコッタサラータを使う、カターニア地方の名物料理。
この地方の最高傑作の代名詞、ベッリーニのオペラ「ノルマ」のようだ、と言われたことが料理名の由来です。

材料 | 2人分 |

マッケローニ(P.42-43参照)もしくはリガトーニ
(ペンネでもOK)… 160g

米なす(厚さ5mmの輪切り)… 2/3個(200g)

※アク抜きしておく(P.20参照)

にんにく(つぶしておく)… 1片

バジルの葉… 1〜2枚

リコッタ・サラータ… 50g

パッサータ(P.19参照)… 1＋3/4カップ

EXV オリーブオイル… 適量

塩… 適量

a

リコッタ・サラータは日本で入手しにくい
かもしれませんが、このパスタにとってはと
ても大事なもの。ない場合は、パルメザン
チーズをかけてもおいしいですが、その場
合はパスタ・アッラ・ノルマとは呼べません。

作り方

1. 鍋にEXVオリーブオイルとにんにくを入れ
   てから中火にかけ、にんにくが色づき香り
   が出てきたら、パッサータを加える。塩で
   味つけしてバジルの葉を入れ、15分ほど
   弱火で煮込む(a)。その後、にんにくは取
   り除いておく。

2. フライパンにたっぷりのEXVオリーブオイ
   ルを熱し、アク抜きしたなすをきつね色に
   なるまでカラッと素揚げし、キッチンペー
   パーで余分な油を吸わせる。

   point アク抜きの後、水洗いせずにそのまま揚げた
   方が、揚げた後に塩をかける必要もなく、お
   いしく仕上がる。

3. 沸騰したお湯に塩を入れ、パスタをアルデ
   ンテに茹で、1のトマトソースとよく絡める。

4. 器にパスタを取り分けて、上に3のなすを
   のせ、リコッタ・サラータを削ってかける。
   のりきらないなすは別の器に取り分け、パ
   スタと一緒にいただく。

b

―――― アレンジメニュー ――――

ノルマ風なすのインヴォルティーニ

厚さ4mmの縦長に切って素揚げしたなす(b)を
広げ、トマトソース(後て上からかける用に少し
とっておく)を絡めたパスタを適量のせてロール
し、耐熱皿に並べる。200℃に予熱したオーブン
で10〜15分ほど焼いたら、リコッタ・サラーヌ
を削ってかける。

Involtini di melanzane alla Norma
{ インボルティーニ・ディ・メランザーネ・アッラ・ノルマ }

a 　　b

Pasta con broccolo romanesco alla mamma siciliana

{ パスタ・コン・ブロッコロ・ロマネスコ・アッラ・マンマ・シチリアーナ }

シチリアマンマ風ロマネスコのパスタ

材料｜2人分｜

フジッリ（ペンネ、スパゲッティなどのロングパスタでも可）… 140g

ロマネスコ（ブロッコリーやカリフラワーでも可）… 1/4 房 (140g)

アンチョビ… 2枚

にんにく（みじん切り）… 1片

ケッパー（塩漬け）… 小さじ1
※塩抜きしておく（P.20 参照）

赤唐辛子（輪切り）… 好みで適宜

EXV オリーブオイル… 適量

塩… 適量

 ロマネスコをくたくたに茹で、フライパンに加えた時につぶしながら火を通せばまろやかな仕上がりに。硬めの場合は、ブロッコリーのような食感が楽しめます。

作り方

1. ロマネスコを小房に切り分け、沸騰したお湯に塩を加えて好みの硬さに茹でる。茹で汁は捨てずにとっておく。

2. 1の茹で汁でパスタをアルデンテに茹でる。さらに茹で汁を1/4カップとっておく。

3. パスタを茹でている間に、フライパンに EXV オリーブオイルとにんにく、赤唐辛子（好みで）を入れてから中火にかけ、にんにくが色づき香りが出てきたら、ケッパーとアンチョビを加え、アンチョビを木べらで崩しながら火を通す(a)。

4. 3に1と2のパスタ、茹で汁を加えて全体にオイルを絡め、弱火で少しとろみがつくまで混ぜ、塩で味をととのえる(b)。

冬が旬のイタリア野菜、ロマネスコを使った、
アンチョビとのハーモニーが絶妙な、寒い季節のシチリアの定番パスタ。
ブロッコリーやカリフラワーでも同じように作れます。

材料 | 2人分 |

ファルファッレ
(またはフジッリ、ブジアーテがおすすめ)
… 160g
チェリートマト… 5個(125g)
生アーモンド… 50g
にんにく… 1/4片
ペコリーノ(削っておく)
(パルメザンチーズで代用可)
… 25g
バジルの葉… 5枚＋数枚(飾り用)
EXV オリーブオイル… 大さじ3
塩… 適量
こしょう… 好みで適宜

a

作り方

1. チェリートマトは湯むきし(a)、4等分に切り分ける。アーモンドは水から茹で、沸騰直前に火を止め、水をきり、茶色い皮を取り除く。バジルは水洗いし、水気をよく拭きとっておく。にんにくは芯を取り除いておく。

2. 沸騰したお湯に塩を入れて、パスタをアルデンテに茹でる。

3. パスタを茹でている間に、1のバジル、アーモンド、にんにくを、それぞれの材料が細かい粒のような状態になるまでミキサーにかける。

4. 3に塩をひとつまみと好みでこしょうを少々、ペコリーノ、1のチェリートマト、EXV オリーブオイルを加えて、再度素早くミキサーにかける(トマトのかけらが少し残るくらいまで)。

> **point** ペコリーノは塩気が強いので、塩加減に注意！

5. 2のパスタに4の3/4量を加えて和える。

6. 器に盛りつけたら、残りの1/4量のペーストを上からかけ、バジルを添える。好みでにんにくのみじん切りを、さらにふりかけてもおいしい。

シチリア風ペーストのパスタ

シチリア風ペーストは、バジルの他トマトやアーモンドを加えるので、ジェノベーゼよりも風味豊か。とくに夏の暑い時期に、冷製パスタとしてもおすすめ！伝統的にはミキサーではなくすり鉢を使います。

Pasta con pesto alla siciliana

{ パスタ・コン・ペスト・アッラ・シチリアーナ }

{ スパゲッティ・アッラ・カッレッティエーラ }

Spaghetti alla carrettiera

昔、馬車引き夫が仕事で旅に出た道中でも食べられるようにと、
傷みにくい食材を使って作られたものがはじまりのパスタ。
材料はシンプルですが、現在はきのこやツナを加えるなどアレンジメニューもたくさんあります。

馬車引き夫風スパゲッティ

材料｜2人分｜

スパゲッティ (写真はキタッラ) … 160g
完熟トマト (1cm角に切る) … 中2個 (300g)
にんにく (みじん切り) … 1片
ペコリーノ (パルメザンチーズで代用可)
(削っておく) … 30g
バジルの葉… 1枚＋4枚 (飾り用)
赤唐辛子 (輪切り) … 1/2本
EXV オリーブオイル… 大さじ1＋1/2
塩… 適量

作り方

1. ボウルに、トマト、にんにく、赤唐辛子と手で適当に
   ちぎったバジルの葉1枚を入れ、EXV オリーブオイ
   ルを加え、塩で味をととのえる。フォークでしっかり
   と混ぜ、15分ほどおいてなじませる(a)。

2. 沸騰したお湯に塩を入れてスパゲッティをアルデン
   テに茹でる。

3. 1に2のパスタを入れて和える。さらにペコリーノ
   を加え(b)、素早くしっかり混ぜたら器に盛りつけ、
   バジルの葉を添えれば完成。

a

b

a

揚げズッキーニの
パスタ

材料｜2人分｜

スパゲッティ（またはペンネ）… 160g
ズッキーニ（厚さ5mmの輪切り）… 1本（200g）
にんにく（みじん切り）… 1/2 片
パルメザンチーズ
（またはペコリーノ）（削っておく）… 30g
EXV オリーブオイル… 適量
塩… 適量
こしょう… 好みで適宜

作り方

1. ズッキーニに塩をふった後、約30分〜1時間おいて
   アク抜きし、キッチンペーパーで水分を拭きとる。

2. フライパンにたっぷりのEXVオリーブオイルを170℃
   に熱し、ズッキーニをきつね色になるまで揚げる（a）。
   使った油の半分の量はフライパンに残し、ズッキーニ
   は別の器に移しておく。

3. 沸騰したお湯に塩を入れてパスタをアルデンテに茹
   てる（茹で汁は50mℓとっておく）。

4. パスタを茹でている間に、2のフライパンのEXVオリー
   ブオイルを常温まで冷まし、にんにくを入れてから中
   火にかけ、色づき香りが出てきたら、2で器に移してお
   いたズッキーニを戻す。

5. 3のパスタを4に加え、よく絡める。とっておいたパス
   タの茹で汁を加えて、弱火で少しとろみがつくまで混
   ぜ、塩、好みでこしょうで味をととのえる。

6. 器に盛りつけ、上からパルメザンチーズをふりかける。

{ パスタ・コン・ズッキーネ・フリッテ }

Pasta con zucchine fritte

「貧しい料理（Cucina povera）」と言われるシンプルなシチリア料理の代表格。
春から夏にかけて出まわる、色の薄い甘いズッキーニで作られるのがポピュラー。
アク抜きをすることて、普通のズッキーニでもおいしくできます。

a

めかじきとなすのパスタ

シチリア人が大好きな夏に
よく食べられるおなじみのパスタ。
シチリア島とイタリア本島の間にある
メッシーナ海峡では、紀元前から続くめかじき漁が
5〜9月にかけて行われ、その新鮮なめかじきを使って作ります。

材料｜2人分｜

フジッリ(またはペンネなど)… 140g
めかじきの切り身… 1切れ(100g)
なす(3cm角に切る)… 4/5個(100g)
※アク抜きしておく(P.20参照)
チェリートマト… 4個(100g)
にんにく(みじん切り)… 1片
イタリアンパセリ(みじん切り)… 大さじ1/2
白ワイン… 1/4カップ
EXVオリーブオイル… 適量
サラダ油… 適量(揚げ物用)
塩… 適量

Pasta con {パスタ・コン・ペッシェ・スパーダ・エ・メランザーネ}
pesce spada e melanzane

作り方

1. めかじきはひと口サイズに切っておく。
   チェリートマトは湯むきして皮を取り除き、
   4等分に切る。

2. フライパンにたっぷりのサラダ油を170℃
   に熱し、アク抜きしたなすをしんなりするま
   で揚げ焼きする(a)。

3. 別のフライパンにEXVオリーブオイルとに
   んにくを入れてから中火にかけ、にんにく
   が色づき香りが出てきたら、めかじきを加
   えて炒める。表面が色づいてきたら、白ワ
   インを入れ強火で煮詰め、アルコール分
   をとばす。

4. 3にチェリートマトを加え塩で味つけし、イ
   タリアンパセリを加え、中火で2〜3分煮
   詰めたら、2のなすを加えて混ぜる。

5. 沸騰したお湯に塩を入れて、パスタをアル
   デンテに茹でる。

6. 5のパスタを4の具とよく絡めたら、完成。

Spaghetti con acciughe e pomodorini ciliegini

{ スパゲッティ・コン・アッチューゲ・エ・ポモドリーニ・チリエジーニ }

9世紀のアラブ統治時代から、パレルモを中心にシチリアで食べられている、いわしのパスタ。
食材がリーズナブルなうえに、簡単でおいしいので、シチリアのマンマの定番料理。

いわしとチェリートマトのスパゲッティ

材料 | 2人分 |

スパゲッティ… 160g
かたくちいわし（真いわしで代用可）
… 4尾（約80g）
チェリートマト（4等分に切る）… 4個（100g）
にんにく（4等分に切る）… 1片
イタリアンパセリ（みじん切り）… 小さじ1
EXV オリーブオイル… 適量
塩、こしょう… 各適量

作り方

1. いわしは頭と尾の部分を切り落とし、内臓を取り除く。中と表面を水洗いしたら手開きして、中骨を取り除き、2等分（真いわしの場合はひと口サイズ）に切っておく。

2. 沸騰したお湯に塩を加え、スパゲッティをアルデンテに茹でる。

3. スパゲッティを茹でている間に、フライパンにEXVオリーブオイルとにんにくを入れてから中火にかけ、にんにくが色づき香りが出てきたら、チェリートマトを加える。弱火にして1分ほど炒め、少しやわらかくなったら木べらでつぶし、ふたをして5分煮込む。

4. 1のいわしを加え10分ほど煮込んだら、塩、こしょうで味をととのえる（a）。

5. 2のスパゲッティ、イタリアンパセリを加えて混ぜ合わせる（b）。

a

b

a

b

c

Pasta con le sarde e finocchietto selvatico

{ パスタ・コン・レ・サルデ・エ・フィノッキエット・セルヴァティコ }

定番のシチリア郷土料理のひとつですが、
トマトソースを入れたりサフランを
入れなかったり、地方によって
レシピが異なるのも特徴。
いわしの生臭さは
フィノッキエットの香りが隠し、
レーズンやパン粉など
シチリアらしい要素が満載です。

いわしと
フィノッキエットの
パスタ

材料｜2人分｜

ブカティーニ
（または太めのスパゲッティ）… 120g
真いわし（またはかたくちいわし）
… 1尾(120g)
フィノッキエット（またはフェンネルの
細い茎と葉の部分）… 70g
アンチョビ… 1枚
にんにく（つぶしておく）… 1片
松の実… 20g
ドライレーズン（ぬるま湯でもどす）… 15g
細かいパン粉（P.20参照）… 大さじ1
EXV オリーブオイル… 適量
サフラン… 小さじ1/4
塩、こしょう… 各適量

作り方

1. フィノッキエットの硬い部分を取り除き、沸騰したお湯に塩を加え20〜25分ほど茹で（茹で汁はとっておく）、みじん切りにしておく。

2. いわしは頭と尾の部分を切り落とし、手で内臓を取り除く。中と表面を水洗いしたら手開きして中骨を取り除き、幅2cmほどに切り分ける。サフランを1の茹で汁大さじ1で溶かしておく。

3. フライパンにEXVオリーブオイルとにんにくを入れてから中火にかけ、にんにくが色づき香りが出てきたら、1のフィノッキエットを加える。そこへアンチョビを加えて身をほぐし(a)、2のサフランと水気をきったレーズンと松の実を加える（汁気がなくなったら、1の茹で汁を適宜加える）。

4. 2のいわしを加え(b)、弱火で2〜3分ほど煮込み、塩、こしょうで味をととのえる。

> **point** アンチョビとフィノッキエットに塩気があるので、塩加減に注意！

5. 1の茹で汁でパスタをアルデンテに茹でる。

6. パスタを茹でている間に、フライパンにEXVオリーブオイルを少々熱し、パン粉をきつね色になるまで弱火で炒める(c)。

7. 4のフライパンに5のパスタを入れて和え、器に盛りつける。上から6のパン粉をふりかければできあがり。

シチリア島の北部に浮かぶ、
自然世界遺産の火山島諸島
エオリエ諸島の名を冠した料理。
まぐろやオリーブなどの入った
風味豊かな一品で、
潮風と火山性の土壌、温暖な気候が育む
マルヴァシアワインで有名な
サリーナ島のケッパーがアクセント。

Pasta alla eoliana

{ パスタ・アッラ・エオリアーナ }

エオリア風パスタ

材料│2人分│

スパゲッティ(またはリングイネ)… 140g

まぐろの切り身(2cm角に切る)… 1切れ(120g)

ブラックオリーブ(またはグリーンオリーブ)(種なし)… 14粒程度

チェリートマト(4等分に切る)… 4個(100g)

にんにく(つぶしておく)… 1/2片

EXV オリーブオイル… 適量

ケッパー(塩漬け)… 大さじ1
※塩抜きしておく(P.20参照)

ミントの葉… 1枚

塩、こしょう… 各適量

作り方

1. フライパンにEXVオリーブオイルとにんにくを入れてから中火にかけ、にんにくが色づき香りが出たら取り出す。トマトを加えて、トマトの皮がほんの少しだけしんなりするまで30秒ほど強火で炒める。中火に弱めて、ケッパーとブラックオリーブを入れ、焦がさないように混ぜながら、5分ほど炒める。

2. まぐろを加えて、再度強火で30秒ほど炒め、塩、こしょうで味をととのえる。

> point ケッパーとオリーブに塩気があるので、必ず味見すること。

3. 沸騰したお湯に塩を入れスパゲッティをアルデンテに茹でる。

4. 2に3のパスタを加え再度中火にかけたフライパンの上でよく和え、ミントの葉をひと口大にちぎって混ぜる。

Pasta al salmone sfumato al brandy

{ パスタ・アル・サルモーネ・スフマート・アル・ブランディ }

サーモンのパスタで白ワインを加えるのは定番ですが、ブランデーを使うのはアガタマンマのオリジナル。
ブランデーの持つ独特の旨みと香りが絶妙です。
簡単なので、忙しい日にさっとランチを済ませたいときにもおすすめ。

サーモンのパスタ ブランデー風味

材料｜2人分｜

ショートパスタ(ファルファッレがおすすめ)… 140g
さけの切り身… 1切れ(100g)
玉ねぎ(粗みじん切り(b))… 中1/3個(50g)
イタリアンパセリ(みじん切り)… 大さじ1 + 1/2
バター… 15g
生クリーム… 70㎖
ブランデー(またはウイスキー)… 25㎖
EXV オリーブオイル… 適量
塩、こしょう… 各適量

a

b

作り方

1. さけは骨を取り除いて3〜4㎝程度のひと口大に切る(a)。

2. 沸騰したお湯に塩を加えてパスタをアルデンテに茹でる。

3. パスタを茹でている間に、バターを熱して溶かしたフライパンで玉ねぎをしんなりするまで中火で炒める。

4. さけを加え、色が変わってきたら強火にし、ブランデーを加えてアルコール分をとばす。

5. 弱火にして生クリームを加え、滑らかになるまで2分ほどやさしく混ぜる。さらにイタリアンパセリを加え、塩、こしょうで味をととのえる。

6. 2のパスタを5のフライパンに加えて和えて器に盛りつけたら、上からEXVオリーブオイルを少し垂らす。

材料｜2人分｜

スパゲッティ(またはフジッリなどのショートパスタ)
… 140g

ツナ缶(てきればオリーブオイル漬け)… 70g

ドライトマト(1cm幅に切る)… 5枚

ブラックオリーブ(種なし)
(グリーンオリーブでも可)… 10粒程度

にんにく… 1片

ケッパー(塩漬け)… 小さじ1
※塩抜きしておく(P.20参照)

赤唐辛子(輪切り)… 好みで適宜

EXVオリーブオイル… 適量

塩… 適量

作り方

1. ツナ缶はオイルをきってほぐしておく。にんにくは芯を取り除きつぶしておく。

2. フライパンにEXVオリーブオイルとにんにくと赤唐辛子(好みで)を入れてから中火にかけ、にんにくが色づき香りが出てきたら、ドライトマトを加えて1分ほど中火で火を通す。

3. 沸騰したお湯に塩を入れて、パスタをアルデンテに茹でる。

4. 2にパスタの茹で汁50mlとツナ、ブラックオリーブ、ケッパーを加え、5〜7分ほど中火で煮込む。塩で味をととのえ、にんにくは取り除く。

5. 4に3のパスタを入れ、1分ほど火にかけ和えたら完成。

さんさんと輝く太陽の下、
チェリートマトを日干しにして作る
シチリア伝統のドライトマト。
風味豊かでおいしく、パスタに入れると
アクセントになります。
ドライトマトってどうやって
使ったら良いか分からない、
という方はぜひお試しあれ。

ツナとドライトマトのパスタ

{ パスタ・コン・トンノ・エ・ポモドーリ・セッキ }

Pasta con tonno e pomodori secchi

Pasta con il sugo di maiale

{ パスタ・コン・イル・スーゴ・ディ・マイアーレ }

シチリアのカターニアで代々マンマから受け継がれる伝統料理。
コクがあり濃厚なソースにやわらかく煮込んだ豚バラ肉が絡む、贅沢な一品。
家で作る手打ちパスタに合わせるのが最高のごちそう！

豚バラの
トマトソースパスタ

材料｜2人分｜

ショートパスタ… 140g（生パスタの場合は210g）
※シチリアではカヴァテッリ（P.42-43）が定番だが、
ペンネでも代用可

豚バラ肉… 300g
グリーンピース（冷凍可）… 40g
にんじん（粗みじん切り）… 1/5本（30g）
セロリ（粗みじん切り）… 3/10本（30g）
玉ねぎ（粗みじん切り）… 中1/5個（30g）
にんにく（皮をむきつぶしておく）… 1/2片
EXVオリーブオイル… 適量
ローリエの葉… 1枚
クローブ… 少々
パッサータ（P.19参照）… 1＋3/4カップ
濃縮トマトペースト… 小さじ1
赤ワイン… 1/4カップ
パルメザンチーズ… 好みで適宜
塩、こしょう… 各適量

煮込み時間を短縮し
たい場合は、豚バラ肉
の代わりに豚ひき肉を
使って作ってもOK！

作り方

1. 豚バラ肉は3〜4cm角に切り、塩、こしょうで味つけしておく。濃縮トマトペーストは1/2カップのお湯で溶いておく。グリーンピースは塩を加えたお湯で2分ほど茹でておく。

2. 鍋にEXVオリーブオイルとにんにくを入れてから中火にかけ、にんにくが色づき香りが出てきたら、にんじん、セロリ、玉ねぎ、クローブを加えて炒める。ローリエの葉を入れ、全体がしんなりしてきたら、豚バラ肉を加える（a）。

3. 肉の色が変わったら、赤ワインを入れてアルコール分をとばす（b）。

4. 3にパッサータとお湯で溶いたトマトペーストとグリーンピースを加える。塩、こしょうで味をととのえたら、1時間半〜2時間ふたをして弱火で煮込む（c）。

> **point** 水量は当初の水位の1/2以上を保つこと。それ以上蒸発したら、水を足す。

5. 豚肉がやわらかくなったら、ローリエの葉、にんにく、クローブを取り出して、火を止める。

6. 沸騰したお湯に塩を入れて、パスタをアルデンテに茹でて、5と和えて、盛りつければ完成。食べる直前に上からパルメザンチーズをふりかけるのがおすすめ。

a

b

c
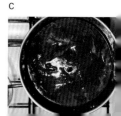

作り方

1. フライパンにEXVオリーブオイルを熱し、玉ねぎ、にんじん、セロリを入れて中火で炒める。しんなりしてきたらひき肉を加え、肉の表面が色づくまで炒める。

2. 1に赤ワインを加えアルコール分をとばしたら、パッサータを加え、塩、こしょうで味つけし、ローリエの葉、ローズマリーを加え、時々木べらで混ぜながら弱火で約50分煮込む。その後、ローリエの葉は取り出しておく。

3. 沸騰したお湯に塩を加え、パスタを茹でる。ただし、表示時間の2分前に取り出し、2の半分の量のソースに和え、パルメザンチーズを混ぜる。

4. 耐熱皿にEXVオリーブオイルを薄く塗り、3のパスタ半分を敷き詰め、モッツァレラをのせる。残り半分のパスタと残しておいたソースを上からかけ(a)（好みでさらに上からパルメザンチーズをふりかけるのもおすすめ）、200℃に予熱したオーブンで40分ほど焼く（ソースの表面が焦げないように注意）。

材料 | 8人分 |

ショートパスタ（リガトーニがおすすめ）… 400g
牛と豚の合いびき肉… 350g
にんじん（5mm角に切る）… 2/3本（100g）
セロリ（5mm角に切る）… 1本（100g）
玉ねぎ（5mm角に切る）… 中1個（150g）
モッツァレラ（またはプローヴォラ）（1cm角に切る）… 120g
パルメザンチーズ（削っておく）… 50g
ローズマリーの葉（乾燥）（みじん切り）… 小さじ1
ローリエの葉… 1枚
パッサータ（P.19参照）… 2＋1/2カップ
赤ワイン… 3/4カップ
EXVオリーブオイル… 適量
塩、こしょう… 各適量

a

{ パスタ・アル・フォルノ }

Pasta al forno
パスタのオーブン焼き

家族が集まる食卓で定番のパスタ料理。
人によってレシピはさまざまですが、
茹で卵やハムを加えるパターンもあり、
ボリュームたっぷり。
クリスマスやイースターなど
特別なイベントでも登場することが多いです。

えびと
ズッキーニの
リゾット

Risotto con gamberi e zucchine { リゾット・コン・ガンベリ・エ・ズッキーネ }

材料│2人分│

米(てきればリゾット用)… 140g(洗わない)

むきえび… 10尾(冷凍可)

ズッキーニ(粗みじん切り)… 1/2本(100g)

にんにく… 1片

バター… 15g

コンソメスープ(P.20参照)… 2＋1/2カップ

白ワイン… 1/4カップ

EXV オリーブオイル… 適量

塩、こしょう… 適宜

えびの出汁、にんにく、シチリアの甘いズッキーニのハーモニーがおいしいリゾット。
チーズは入らず、さっぱりした味つけで食が進みます。
仕上げにレモンの皮をすりおろしてふりかければ、さらに爽やかな仕上がりに。

作り方

1. にんにくは芯を取り除き、輪切りにしたものをさらに2～4等分にする。むきえびは包丁で背ワタを取り除いておく。

2. 鍋またはフライパンにEXVオリーブオイルとにんにくを入れてから中火にかけ、にんにくが色づき香りが出てきたらズッキーニを加える。ズッキーニが少ししんなりしてきたら、米を加えて米の表面が透き通るまで2～3分炒める(a)。

a

3. 白ワインを加えアルコール分をとばす。その後、あたたかいコンソメスープをひたひたになる程度に加え(b)、弱火で10～15分ほど煮込む(スープの量が少なくなったら、スープを加えながら混ぜる)。

point コンソメスープは冷たいと温度差で米の煮込む速度が遅くなってしまうため、必ずあたたかい状態で加えること。

b

4. えびを加えて3分ほど煮込み、水分がなくなり米の硬さがちょうど良ければほぼ完成。火を止めて味を見て薄いと感じたら、塩、こしょうで味をととのえ、バターを加えて余熱で溶かしながら、全体になじませる。

━━━━ アレンジメニュへ ━━━━

えびとズッキーニのパスタ

ほぼ同じ材料(バターなし+玉ねぎ&イタリアンパセリ適量)で、パスタも作れます(リングイネやスパゲッティなどロングパスタがおすすめ)。

作り方

1. 鍋またはフライパンにEXVオリーブオイルとみじん切りした玉ねぎとにんにくを中火で炒める。少し色づき香りが出てきたら、ズッキーニを加え中火で5分ほど炒める。ズッキーニが少ししんなりしてきたら、えび(尻尾つき)を入れ(c)、塩とこしょうで味をととのえ、白ワインを加えてアルコール分をとばしながら、弱火で10分ほど煮込む。

2. 沸騰したお湯に塩を加え、パスタをアルデンテに茹でる(茹で汁を25mℓほどをとっておく)。

3. 1にイタリアンパセリを加え、2のパスタと茹で汁を少々加えながら和える。

Pasta con
gamberi e zucchine
{ パスタ・コン・ガンベリ・エ・ズッキーネ }

c

059

Risotto con zucca e granella di pistacchi

シチリア人も大好物の、秋が旬のかぼちゃのリゾット。
もともとは北イタリアのレシピですが、
シチリアのエトナ山麓の町ブロンテの名産である
ピスタチオを加えることで、
シチリアのオリジナルレシピとなりました。

かぼちゃと
ピスタチオのリゾット

材料 | 2人分 |

米 (てきればリゾット用) … 100g (洗わない)

かぼちゃ… 1/5個 (可食部150g)

玉ねぎ (みじん切り) … 小1/2個 (50g)

パルメザンチーズ (削っておく) … 10g

コンソメスープ (P.20参照) … 3 + 1/2カップ

バター… 5g

EXV オリーブオイル… 10mℓ

ローズマリーの葉 (乾燥) (みじん切り) … 好みで適宜

ピスタチオ (ダイス) … 25g

※塩付きの場合は塩加減を調整すること

塩、こしょう… 適宜

作り方

1. かぼちゃは皮をむき、1〜1.5cmほどの角切りにする。

2. 鍋か深めのフライパンにEXVオリーブオイルを熱し、玉ねぎを中火で炒め、軽く色づいてきたら、かぼちゃを加える(a)。

3. 10分ほど炒め(焦げそうになったらコンソメスープを少し加える)、かぼちゃが少しやわらかくなったら、米を加え透き通るまで炒める。

4. あたたかいコンソメスープをひたひたになる程度に加える。スープが少なくなったらこまめに足しながら、かぼちゃが竹串を刺してスッと通るくらい、米に多少芯が残る程度まで、木べらで混ぜながら弱火で15〜20分ほど煮込む。

point こまめに味見し、米がやわらかくなりすぎないよう注意。イタリアのリゾットは、やや芯の残るアルデンテの状態がポイント。

5. 味見して薄いと感じたら、塩、こしょうで味をととのえる。

point コンソメで塩分は十分なことが多く、この後チーズとバターを加えるので控えめに。

6. バターとパルメザンチーズを加えて火を止め、余熱で溶かす。

7. 器に盛りつけ、上からピスタチオとローズマリーをふりかける。

a

a

b

c

d

材料｜2人分｜

米（てきればリゾット用）… 140g（洗わない）
ほうれん草（冷凍でも可）… 1/2束（90g）
玉ねぎ（みじん切り）… 小1/3個（35g）
パンチェッタ（またはベーコン）（1cm角に切る）… 65g
パルメザンチーズ（削っておく）… 20g
コンソメスープ（P.20参照）… 2＋1/2カップ
赤ワイン … 20ml
EXV オリーブオイル… 大さじ2
塩、こしょう… 適宜

作り方

1. ほうれん草はひと口大に切っておく（冷凍の場合は、沸騰したお湯で茹でて、水をしっかりきってから）。

2. 鍋またはフライパンにEXVオリーブオイルを熱し、玉ねぎを中火で炒める。香りが出てきたらパンチェッタを加え、さらに炒める（a）。玉ねぎがしんなりしてきたら、米を加える。米の表面が透き通ったら赤ワインを加えて（b）アルコール分をとばす。

3. 1のほうれん草を加えたら、あたたかいコンソメスープをひたひたになる程度に加える（c）。スープが少なくなったらこまめに足しながら、米に多少芯が残る程度まで弱火で15〜20分ほど煮込む（d）。

4. 味見して薄いと感じたら、塩、こしょうで味をととのえる。

point コンソメで塩分は十分なことが多く、この後チーズを加えるので控えめに。

5. パルメザンチーズを入れて火を止め、余熱で溶かしながら混ぜたらできあがり。

ほうれん草とパンチェッタのリゾット

{ リゾット・コン・スピナチ・エ・パンチェッタ }

Risotto con spinaci e pancetta

ほうれん草の旬は日本では冬ですが、シチリアでは春。
甘みを増したほうれん草とパンチェッタの塩気のハーモニーで、子どももよろこぶリゾット。
パルメザンチーズをたっぷりかけるとより濃厚な味わいになります。

Couscous con carne di manzo

{ クスクス・コン・カルネ・ディ・マンゾ }

シチリア中で愛されているクスクスは、もともとはアフリカの食文化の影響を受けた料理。
シチリア北西部トラーパニ県のリゾート、サン・ヴィート・ロ・カーポでは、
毎年９月にクスクス・フェスティバルが行われます。

牛肉のクスクス

材料 | 4人分 |

牛肉 (シチュー用、4〜5cm角に切る)… 600ｇ
じゃがいも (3cmの乱切り)… １＋1/2個 (約200g)
ズッキーニ (厚さ1cmのいちょう切り)… １本 (200g)
にんじん (厚さ1cmの輪切り)… １＋1/3本 (200g)
セロリ (みじん切り)… ２本 (200g)
赤玉ねぎ (みじん切り)… 中１個 (150g)
水… ２＋1/2カップ
赤ワイン… １カップ
EXV オリーブオイル… 適量
塩、こしょう… 適量

【クスクス】

クスクス… 300ｇ
クスクス用スパイスミックス… 小さじ３
EXV オリーブオイル… 大さじ１＋1/2
塩… ひとつまみ

作り方

1. クスクス用スパイスミックスを沸騰したお湯 2 ＋ 1/2 カップ（分量外）に溶かしておく。

2. 鍋に EXV オリーブオイルを中火で熱し、玉ねぎを炒め（a）、しんなりしてきたら牛肉を加える（b）。肉の表面の色が変わってきたら、セロリ、にんじん、ズッキーニの順に加え炒めていく（c）。

3. 全体に火が通ったら、赤ワインを入れる。中火でアルコール分をとばしたら弱火にし、**1** を入れて（d）ふたをする。時々木べらで混ぜながら 3 時間煮込む（スープは常にひたひたに。少なくなったら適宜水を足す）。火を止める直前に塩、こしょうで味をととのえる。

4. 別の鍋にクスクスと同量の水（分量外）を沸騰させ、クスクスを入れ、さらに EXV オリーブオイル、塩を加えて混ぜたら火を止め、ふたをして 6〜7 分蒸らす（クスクスのメーカーによって異なるので箱の表示を参考に）。

5. 器に **4** のクスクスと **3** を一緒に盛りつける。

a

b

c

d

Timballo di riso

米のティンバッロ

ティンバッロは楽器のティンパニのこと。
もともとは丸い形をした詰め物料理でした。
大人数で食卓を囲む時に
ぴったりのパーティー料理で、
夏は旬の野菜であるなすを使ったもの、
冬はミートソースのラグーなど、
旬の食材を使って作ります。

材料 │ 8〜10人分 │

米(できればリゾット用)… 400g
茹で卵… 2個
※水から卵を入れ沸騰してから9分
牛と豚の合いびき肉… 500g
グリーンピース(冷凍でも可)… 120g
にんじん(5mm角に切る)… 2/3本(100g)
セロリ(5mm角に切る)… 1本(100g)
玉ねぎ(5mm角に切る)… 中1個(150g)
プローヴォラ(または水気をしっかりきったモッツァレラ)
(1cm角に切る)… 200g
パルメザンチーズ(削っておく)… 60g
ペコリーノ(削っておく)… 40g
ローリエの葉… 1枚
ローズマリーの葉(乾燥)(みじん切り)… 小さじ1
パッサータ(P.19参照)… 2カップ
赤ワイン… 1/2カップ
EXV オリーブオイル… 適量
塩、こしょう… 各適量

作り方

1. グリーンピースは、塩を加えたお湯で2分ほど茹でておく。茹で卵は殻をむき3等分に切っておく。

2. フライパンに EXV オリーブオイルを熱し、玉ねぎ、にんじん、セロリを入れ、しんなりするまで中火で炒める。

3. ひき肉を加え、表面に色がつくまで炒める。

4. 3に赤ワインを加えアルコール分をとばしたら、パッサータを加え、塩、こしょうで味つけする。ローリエの葉、ローズマリーを加え、時々木べらで混ぜながら、弱火で1時間ほど煮込む(a)。その後ローリエの葉は取り出しておく。

5. 沸騰したお湯に塩を加え、中火に落としてから米を入れる。表示時間の1〜2分前(米がまだ少し硬い状態)で火を止め(日本米の場合は硬めに炊く)、よく水をきって、4の3/4量のソースに混ぜる。さらにパルメザンチーズとペコリーノ(1/4量は仕上げ用にとっておく)を加えて混ぜる。

6. 耐熱皿にオリーブオイルを薄く塗り、5の米半量をきっちり敷き詰める。その上にプローヴォラ、グリーンピース、茹で卵をのせ、残り半量の米と、残りのソースをかける(b)。仕上げに残しておいたチーズを上からふりかける。

> **point** 米のケーキになるように、米はきっちり固めに詰めること。

7. 200℃に予熱したオーブンで約20分焼いた後、オーブンに入れたまま5分ほどおく。オーブンから取り出し、約15分冷ましてから切り分ける。

a

b

※ *Curiosità* ※

料理とワインの合わせ方

　せっかくのおいしいご飯もワインが合っていないと台無しです。シチリアのメッシーナ県にある
ワイナリー、ヴィーニャ・ニーカ（Vigna Nica）のオーナー、マリアさんは「ワインと食事のそれぞれ
が持つ特徴を考えながら、ぴったりのハーモニーを見つけることが大事」だと言います。例えば、
揚げ物は白のスパークリングワインが口の中をすっきりさせ、なすのリピエノのトマトソース煮込
みのように割と手の込んだ料理には、タンニンがしっかりきいた赤ワインが合い、口の中をさっぱ
りさせます。
　名門ワイナリー、タスカ・ダルメリータ（Tasca d'Almerita）の広報イーヴォ・バジーレさんに、
本書紹介のいくつかのレシピに合う最高のマリアージュをセレクトしてもらいました。

カリフラワーのフリッテッレ
（P.35）
アランチーニ
（P.106）

いわしの
ベッカフィーコ
（P.86）

定番の
カポナータ
（P.24）

マンマの
ミートローフ
（P.70）

巻かない
カンノーロ
（P.96）

Madamarosè
（ロゼ）

**Almerita
Brut**
（プロセッコ）

**Regaleali
Nero d'Avola**
（赤ワイン）

**Regaleali
Bianco**
（白ワイン）

Capofaro
（マルヴァシア、甘口ワイン）

フレッシュで風味豊
かな非常にバラン
スの良いワイン。

爽やかできめ細か
い泡とシャルドネ
の香りが、揚げ物に
おすすめ。

シチリアの土着品
種ネーロ・ダーヴォ
ラで造られる果実
味とタンニンが心
地良い。

フレッシュで柑橘系
のフルーティーな香
りが特徴。

サリーナ島産の甘
口のワインはスイー
ツにもぴったり。

Capitolo 3

肉&魚料理

Carne e Pesce

シチリアの家庭で、日曜日のお昼の
定番のポルペッテ（肉団子）は、
子どもも大好きなメニュー。
にんにくやパルメザンチーズの
たっぷり入った肉団子とトマトソースは
風味豊かで、パスタにも大活躍します。

{ ポルペッテ・アル・スーゴ }

Polpette al sugo

ポルペッテのトマトソース煮

材料 | 2～3人分 |

牛と豚の合いびき肉… 250g

溶き卵… 1/2個分

硬くなったパン（またはパン粉）… 20g

にんにく（みじん切り）… 1片

パルメザンチーズ（削っておく）… 50g

イタリアンパセリ（みじん切り）… 小さじ2

水または牛乳… 15ml

EXV オリーブオイル… 適量（グリル用）

塩… 適量

【トマトソース】

玉ねぎ（みじん切り）… 小1/4個（約25g）

バジルの葉（ちぎっておく）… 2枚

パッサータ（P.19参照）… 2＋1/2カップ

EXV オリーブオイル… 適量

塩… 適量

a b

作り方

1. 硬くなったパン（前日の残りなど）を適当にちぎって、水または牛乳に浸す。すぐやわらかくなるので、手で水気を絞る（パン粉を使う場合は**1**の工程は不要）。

2. ボウルに合いびき肉、**1**のパン、溶き卵、にんにく、イタリアンパセリ、パルメザンチーズを入れ、手でこねていく。均等に混ざったら塩ひとつまみを加え、さらに混ぜる。

3. 粘りが出る程度にしっかり混ざったら、ボウルに入れたまま10等分する。1個分ずつ取り出し、手のひらに打ちつけて空気を抜きながら直径3～4cm、厚さ1.5cmほどの丸形（目安）に成形する（a）。

4. フライパンにEXV オリーブオイルを中火で熱し**3**を入れ、表面に焼き目がついたら、すべて取り出しておく（b）。

5. 別の鍋またはフライパンにEXV オリーブオイルを中火で熱し、玉ねぎを炒める。しんなりしてきたらパッサータとバジルの葉を入れ、塩で味をととのえる。15分ほど弱火で煮込んだら、**4**を入れる。

6. さらに30分ほど弱火で煮込み完成。

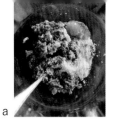
a

b

c

d

材料｜3〜4人分｜

牛ひき肉… 400g

卵… 1個

クリームチーズ… 80g

パルメザンチーズ（削っておく）… 大さじ2

ピスタチオ（ダイス）… 大さじ3

細かいパン粉（P.20参照）… 大さじ2

牛乳… 30㎖

EXV オリーブオイル… 小さじ1＋適量

オレンジの皮（すりおろし）… 小さじ2
※オレンジ以外の柑橘系の皮でもOK

塩、こしょう… 各適量

作り方

1. ボウルに牛ひき肉、卵、パルメザンチーズを入れ手で混ぜ合わせる。パン粉と牛乳を加え、塩、こしょうで味をつけ、オレンジの皮とEXV オリーブオイル小さじ1を加えて生地がひとまとまりになるまでフォークで混ぜる（a）。

2. 1を約6等分し、手で厚さ5mm程度に広げ、真ん中にクリームチーズとピスタチオ（飾り用に少し残しておく）をのせ（b）、中を閉じながら丸形、または楕円形に成形する。

3. EXV オリーブオイルを薄く塗った耐熱皿に2を並べ、200℃に予熱したオーブンで20分焼く。または、フッ素加工のフライパンで両面にしっかりと焦げ目がつくまで焼く。

> point > 丸形の場合（c）は、中まで火が通りにくいので、フォークなどで押しながら（d）しっかり火を通す。

4. 器に盛り、2で残しておいたピスタチオとEXV オリーブオイルをふりかける。

{ ポルペッテ・アル・ピスタッキオ・エ・フィラデルフィア }

Polpette al pistacchio e Philadelphia

ピスタチオと クリームチーズの ポルペッテ

アガタマンマの地元カターニアの名物料理。
オレンジの爽やかな風味と香ばしい
ピスタチオ、クリーミーなチーズの
ハーモニーがたまらない！
現地ではこれをパンにはさんで
パニーノにするB級グルメも人気。

マンマのミートローフ

{ ポルペットーネ・デッラ・マンマ }

Polpettone della mamma

ポルペッテと同じく、日曜日に
おばあちゃんやお母さんが作るメイン料理の定番。
クリスマスやイースターなどの
家族や親せきが集まるイベント時にも活躍する一品です。
野菜と一緒に煮込むので、
ワンプレートでもさまになります。

材料 │ 6～8人分 │

【肉だね】

牛ひき肉… 400g

卵… 2個

にんにく (みじん切り)… 1/2片

パルメザンチーズ (削っておく)… 80g

細かいパン粉 (P.20参照)… 100g

イタリアンパセリ (1cm幅に切る)… 大さじ1

塩、こしょう… 各適量

【ミートローフの具】

ハムまたはパンチェッタ

あるいは両方… 80g

プローヴォラ (スライスチーズまたは
しっかり水気をきったモッツァレラで代用可)
(5mmの薄切り)… 60g

固茹で卵… 2個 (8等分に切る場合は1個)

※水から卵を入れ沸騰してから12分

イタリアンパセリ (枝ごと)… 1本

【付け合わせ】

にんじん (1cm角に切る)… 1/3本 (50g)

セロリの茎 (1cm角に切る)… 1/2本 (50g)

玉ねぎ (1cm角に切る)… 小1/2個 (50g)

グリーンピース (冷凍でも可)… 50g

白ワイン… 1カップ

コンソメスープ (P.20参照)
… 1＋1/2カップ

EXV オリーブオイル… 適量

塩、こしょう… 各適量

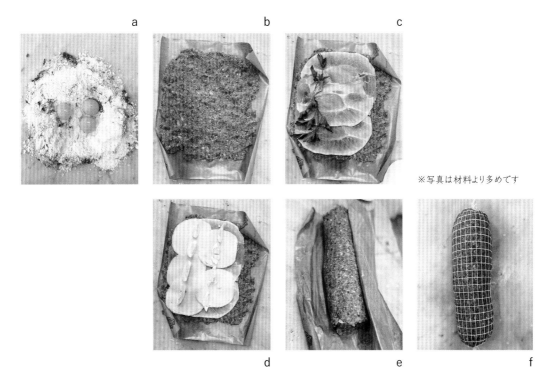

　　　　　a　　　　　　　　b　　　　　　　　c

※写真は材料より多めです

　　　　　　　　　　　　d　　　　　　　　e　　　　　　　　f

作り方

1. 具の固茹で卵は、完成時切った時に断面を見せたい場合は切らず（2個）、1個の場合は8等分に切っておく。グリーンピースは冷凍の場合は、茹でておく。

2. 台の上に牛ひき肉、卵、パン粉、イタリアンパセリ、パルメザンチーズ、にんにく、塩、こしょうを均等に混ぜ合わせ、手でしっかりこねる（a）。

3. クッキングシートかアルミホイルの上に**2**を厚さ1cmほどにのばし（b）、上に具のハムの半量、イタリアンパセリ（c）、チーズ、茹で卵、残りのハムまたはパンチェッタをのせて（d）ロールケーキのように丸め、形を整えたら、中の具が出てこないよう、つなぎ目をしっかりと閉じて（e）、ミートネットを被せる（f）（またはタコ糸でしばる）。その後冷蔵庫で20分ほど休ませる。

4. 鍋または深めのフライパンにEXVオリーブオイルを熱し、にんじん、セロリ、玉ねぎを炒める。野菜がしんなりしてきたら、グリーンピースを加え、塩、こしょうで味をととのえる。そこへ**3**を加え、白ワインを加えて強火でアルコール分をとばす（g）。

5. さらに野菜が隠れる程度までコンソメスープを加え、1時間ほど弱火で煮込む。野菜が半分以上見えるほど水分が少なくなったらスープを足し、ミートローフは何度かひっくり返す（h）。

> **4**の後、オリーブオイルを熱したフライパンで**3**の表面に焼き色をつけたものを、オリーブオイルを塗った耐熱皿に**4**と一緒に入れ、180℃に予熱したオーブンで35〜40分焼いてもOK。

　　　　　　　　　　　　　　　　　　　g　　　　　　　　　　　　h

Falsomagro

{ ファルソマーグロ }

イタリア語で「偽のヘルシー料理」を
意味する、質素な見た目とは裏腹に
ボリュームたっぷりのシチリアの伝統料理。
具材の自由度が大きく、
100人マンマがいれば100のレシピがあります。
ミートローフと似ていますが、
こちらは薄切り肉を使用。

付け合わせは、ほうれん草
のソテーがおすすめ。

ファルソマーグロ

材料｜4人分｜

牛もも肉薄切り… 1枚(400g)
エシャロット(根と葉を除いた部分)
… 2束(120g)
モルタデッラ(ボローニャソーセージ)
またはパンチェッタ
(厚さ2mmの薄切り)… 50g
薄切り(厚さ1mm)のハム… 50g
カチョカヴァッロ
(または水気をしっかりきったモッツァレラで代用可)
… 50g
ローズマリー(生)… 1枝
ローズマリーの葉(みじん切り)… 適量
EXV オリーブオイル… 適量
塩、こしょう… 各適量

作り方

1. チーズは4～5cmの長さに細切り、エシャロットは縦に2等分に切る。

2. 牛肉を叩いて広げ厚さ5mm程度にする。塩、こしょうで味つけし、ちぎったローズマリーの葉を散らして、**1**のエシャロットとチーズを上にのせる(a)。

3. その上をモルタデッラとハムで覆う(b)。

4. 左右の短い辺を内側に折り、肉をきつく巻きながら、縦と横に交差しながらタコ糸でしばっていく。

5. しばった糸にローズマリーをはさみ、肉巻きの上から、再度塩、こしょうする(c)。

6. EXV オリーブオイルを薄く塗った耐熱皿に**5**を移し、肉の外側にもEXV オリーブオイルをはけで塗る。クッキングシートを被せて、アルミホイルで耐熱皿を覆う。180℃に予熱したオーブンで45分～1時間肉のまわりに少し焦げ目がつくまで焼く(d)。

a

b

c

d

a  b  c

牛肉のピッツァイオーラ(ピザ職人)風

材料│2人分│

牛肉(薄切り)… 200g
じゃがいも(厚さ5mmの薄切り)… 1＋1/2個(約200g)
にんにく(芯をとってつぶしておく)… 1片
オレガノ… 少々
パッサータ(P.19参照)… 1カップ
EXV オリーブオイル… 適量
塩、こしょう… 各適量

作り方

1. 牛肉は、塩、こしょうを両面にふっておく。

2. フライパンにたっぷりのEXVオリーブオイルを170℃に熱し、じゃがいもを揚げる。両面にやや焦げ目がついて、やわらかくなるまで火を通す(a)。

3. 別のフライパンにEXVオリーブオイルとにんにくを入れてから中火にかけ、にんにくが色づき香りが出てきたら、1の牛肉を加える(b)。表面が焼けたら取り出し、ひと口サイズに切り分けておく。フライパンに残ったオイルはとっておく(にんにくは取り除く)。

4. 2にパッサータ、オレガノを加え、塩、こしょうで味をととのえる。

5. 15分ほど中火で煮込んだら、そこに3の肉ととっておいたオイルを加える(c)。

6. さらに時々混ぜながら数分煮込み、全体がなじんだら完成。仕上げに上からオレガノを散らす。

ピッツァ発祥ナポリの漁師の注文から生まれた、チーズを使わないシンプルなピッツァ「マリナーラ」と同じ材料(トマト、にんにく、オレガノ、オリーブオイル)を使うのが名前の由来。アガタマンマもよく作る定番料理。

{ カルネ・アッラ・ピッツァイオーラ }

Carne alla pizzaiola

ソースがおいしいので、スカルペッタ(パンでお皿に余ったソースをすくって食べること)してほしい一品です。

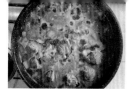

a   b

材料｜2人分｜

牛肉（シチュー用、4～5cm角に切る）… 250g

じゃがいも… 1個（150g）

にんじん（1～2cm角に切る）… 1/3本（50g）

セロリ（茎）（1～2cm角に切る）… 1/2本（50g）

玉ねぎ（1～2cm角に切る）… 中1/4個（40g）

ローリエの葉… 1枚

ローズマリーの葉（生）… 1枝

コンソメスープ（P.20参照）… 1カップ

白ワイン… 1/2カップ

EXVオリーブオイル… 適量

薄力粉… 適量

塩… 適量

作り方

1. 牛肉に薄力粉をまぶしておく（a）。じゃがいもは肉と同じくらいの大きさの乱切りにする。

2. 大きめの鍋にEXVオリーブオイルを弱火で熱し、玉ねぎを1分ほど炒める。続いてにんじん、セロリを加え、玉ねぎが完全にしんなりするまで10分ほど炒める。

3. 1の牛肉を2に加えて強火にし、肉に焼き色がついたら白ワインを入れてアルコール分をとばす。

4. 塩で味をととのえ、コンソメスープとローリエの葉、ローズマリーを入れ、ふたをして1時間ほど弱火で煮込む。焦げつかないように時々混ぜる（b）。

5. 4にじゃがいもを加え、煮汁が少なくなったら水（分量外）を加え（具材が煮汁から上に出ないように）、20分ほど弱火で煮込む。

牛肉のスペッツァティーノ

〈スペッツァティーノ・ディ・マンゾ〉

Spezzatino di manzo

シチリアでは寒い日に食べるとほっとする、
日本の肉じゃがのような家庭の味。
料理名は「肉を小さく切ったもの」が転じて「角切りした肉の煮込み」の意味。
口どけのよい肉とハーブの香りで、赤ワインも進みます。

a   b

〔 コトレッタ・アッラ・パレルミターナ 〕

Cotoletta alla palermitana

パレルモ風コトレッタ

ポルペッテに並ぶ、
子どももよろこぶ定番料理、
イタリア版カツレツ。
オリーブオイルやバターで揚げる
ミラノ風に対し、衣に卵や薄力粉を使わず
オーブンで焼くのがパレルモ風。

材料｜2〜3人分｜

牛フィレ(ヒレ)肉… 2〜3枚(300g)
にんにく(みじん切り)… 1片
パルメザンチーズ(削っておく)… 30g
細かいパン粉(P.20参照)… 75g
イタリアンパセリ(みじん切り)… 小さじ2
EXV オリーブオイル… 適量
塩、こしょう… 各適量

> パレルモ風はオーブン焼きが定
> 番ですが、フライパンに少量の
> オリーブオイルを熱して、カラッ
> と揚げるとミラノ風になります。

作り方

1. 牛肉は肉叩き(なければ瓶など)で叩いて厚さ8mm〜1cmにのばし、塩、こしょうをふっておく。

2. ボウルに、にんにく、パルメザンチーズ、パン粉、イタリアンパセリを入れて混ぜ、塩、こしょうをひと
   つまみ加える。

3. 1の肉にはけでEXVオリーブオイルをたっぷり塗り(a)、2をまぶし、両側にまんべんなく衣をつける
   (b)。その後常温で30分ほどおいてなじませる。

4. 180℃に予熱したオーブンで何度かひっくり返しながら、両面がこんがりときつね色になるまで焼く。

Braciolette alla Messinese

〔 ブラチョレッテ・アッラ・メッシネーゼ 〕

シチリアの玄関口となっているメッシーナが発祥と言われる「肉巻き」。
牛肉が定番ですが、豚肉や鶏肉、パン粉にピスタチオが混ぜられたりとバリエーション豊富。
パレルモ風は玉ねぎとローリエを一緒に串に刺します。

メッシーナ風肉巻き

材料｜2人分｜

牛肉 (薄切り) … 200g
薄切りハム (またはパンチェッタかベーコン) … 70g
にんにく (みじん切り) … 1/2片
イタリアンパセリ (みじん切り) … 大さじ1
プローヴォラ (または水気をしっかりきったモッツァレラで代用可)
… 75g
パルメザンチーズ (削っておく) … 35g
細かいパン粉 (P.20参照) … 40g
EXV オリーブオイル … 適量
塩、こしょう… 各適量

a

b

作り方

1. 肉の両面に塩、こしょうをふってから、8cm×4cmの長方形に切る。

2. ボウルに、パン粉、パルメザンチーズ、イタリアンパセリ、にんにくを入れて混ぜ、塩、こしょうで味をととのえる。

3. 薄切り肉の外側のみはけでEXVオリーブオイルを塗り、2をまぶす。内側に薄切りハムとプローヴォラを置いて、くるくると巻き (a)、串に刺す (b)。

> **point** 肉を巻く時は、両端をしっかり中に折りこむようにして閉じること。

4. 天板に並べて180℃に予熱したオーブンで10分ほど焼く。または、7〜10分ほどグリルパンで焼く。

材料｜2〜3人分｜

骨つきウサギ肉（a）
（骨つきの鶏のもも肉でも可）… 400g
ブラックオリーブ（種なし）… 20粒程度
にんにく（皮つき）… 2片
ローズマリーの葉（生）… 大さじ2
白ワインビネガー… 大さじ2
白ワイン… 1/2カップ
EXVオリーブオイル… 適量
塩、こしょう… 各適量

a

b

作り方

1. にんにくは皮つきのままつぶしておく。

2. EXVオリーブオイルを中火で熱したフライパンに肉を入れ、肉の表面にしっかりと焼き色がついたら、にんにく、ブラックオリーブを入れ（b）、ふたをして1〜2分ほど火を通す。

3. 塩、こしょうで味をととのえ、フライパンに白ワインビネガーと白ワインを入れ、アルコール分をとばし、ローズマリーを全体にまぶす。

4. 再度ふたをして、20分ほど弱火で煮込む。

ウサギ肉の白ワイン風味

{ コニッリォ・アッラ・カッチャトーラ }

Coniglio alla cacciatora

シチリアでウサギ肉はとてもポピュラーなもの。
手間がかからず簡単にできるメイン料理なので、忙しい平日の夜にもよく食べられます。
白ワインビネガーとローズマリーの風味でさっぱりした味わいに。

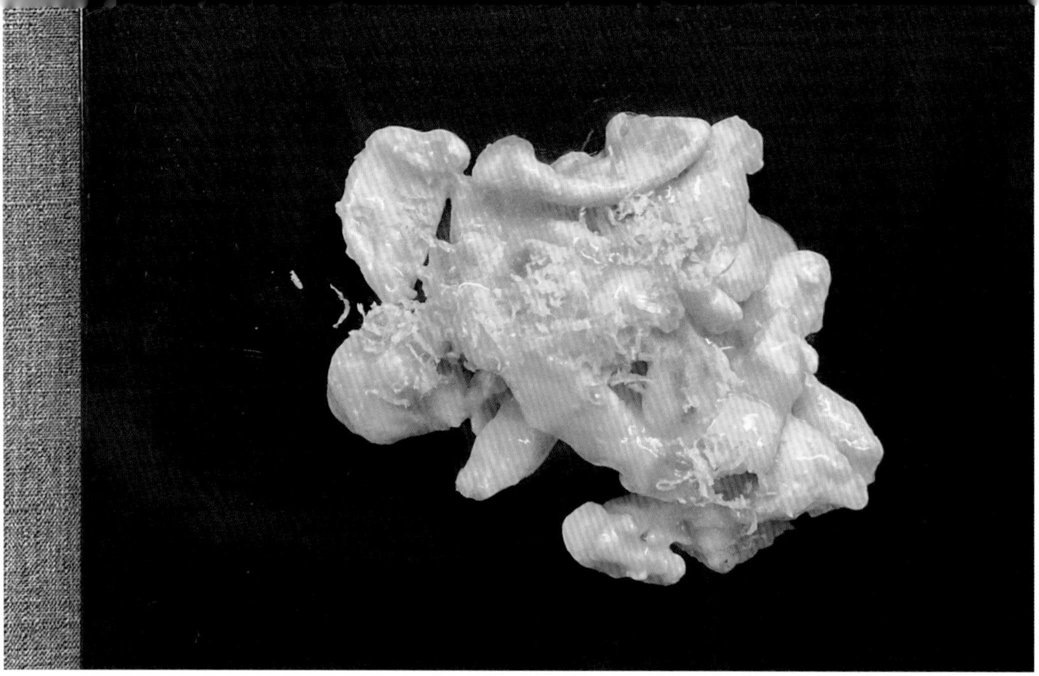

材料｜2人分｜

鶏肉(むね肉)… 300g
薄力粉… 適量
コーンスターチ… 10g
水… 大さじ1
白ワイン… 1/4カップ
EXVオリーブオイル… 大さじ2＋1/2
レモン汁… 1個分
レモンの皮(すりおろし)… 適量
砂糖… 10g
塩… 適量

鶏肉のレモン風味

Pollo al limone

{ポッロ・アル・リモーネ}

世界的にも有名なシチリアレモンは、
ドルチェだけではなく、魚介のマリネや
サラダのドレッシングなど、料理にアクセントを加えます。
そんななかでも濃厚なソースとレモンの爽やかな風味が
口いっぱいに広がるおすすめの一品。

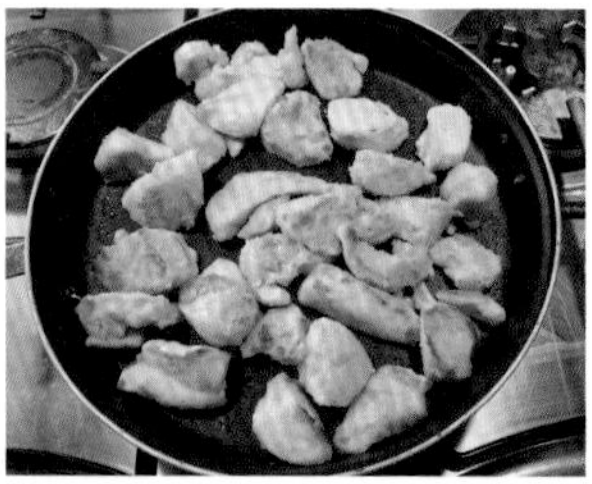

a

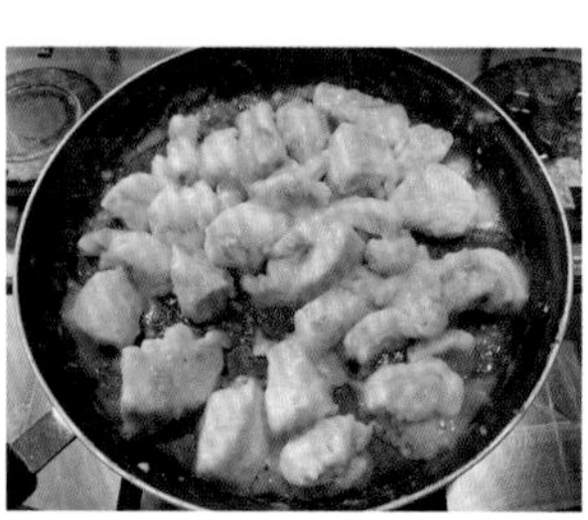

b

作り方

1. コーンスターチを水に溶かしておく。
2. 鶏肉は皮や脂の部分などは取り除き、4〜5cmのひと口サイズに切る。EXVオリーブオイルに浸し、薄力粉をまぶす。
3. フライパンにEXVオリーブオイル(分量外)を熱して2を入れ、中火で肉の表面に焼き色をつけ、中までしっかり火を通す(a)。
4. 白ワイン、レモン汁、砂糖、1を加えて強火にし、クリーム状になったら塩で味をととのえる(b)。
5. 器に盛りつけ、レモンの皮を散らす。

材料 | 3〜4人分 |

ラム肉（骨つきもも肉）… 1kg
ローズマリーの葉（生）… 大さじ3
白ワイン… 2カップ
EXV オリーブオイル… 大さじ2
塩、こしょう… 各適量

a

b

付け合わせは、フライド
ポテトやじゃがいもの
ローストがおすすめ。

作り方

1. ラム肉にこしょうをふり、ローズマリーの葉と共に
   ミートネットをかぶせる。ワインを入れた器に肉
   を浸し、時々混ぜながら、冷蔵庫でひと晩（12時
   間）休ませる（a）。

2. 天板に EXV オリーブオイルを塗り、その上に1の
   肉をのせて塩をふりかける。

3. 180℃に予熱したオーブンで1時間半ほど焼く
   （b）。焦げつかないように、時々裏返す。

仔羊のオーブン焼き

{ アニェッロ・アル・フォルノ }

Agnello al forno

イタリアではバーベキューなどでもよく登場する羊肉、
復活祭でも食べます。
キリスト教で非常に重要な存在とされてきた羊は、
神の生贄、犠牲の象徴とされ、
救済のシンボルにもなっています。
ひと晩マリネすることで肉の臭みがとれます。

辛いのが好みの方はさらに赤唐辛子を添えて。右はペコリーノをふりかけたもの。

白いんげん豆と豚皮のスープ

Zuppa di fagioli e cotiche

{ ズッパ・ディ・ファジョーリ・エ・コティケ }

冬にとくによく食べられる、豆類のズッパ(スープ)！
赤唐辛子が入っており、よりいっそうあたたまる料理です。
時にはパンと一緒に、「飲む」のではなく、「食べる」のがシチリアのズッパ。
小さいパスタ(スープ用のパスタ、パスティーナ)を入れて一緒に煮込めば
スープパスタとしても召し上がれます。

a

b

材料｜3〜4人分｜

白いんげん豆(乾燥)… 250g(または水煮缶500g)

豚皮(ひと口大に切る)… 100g

グアンチャーレ(豚のほほ肉の塩漬け)… 50g
※なければパンチェッタかベーコンで代用

セロリ… 2本(200g)

玉ねぎ(1cm角に切る)… 小1/2個(50g)

にんじん(1cm角に切る)… 約1/4本(40g)

パッサータ(P.19参照)… 3/4カップ

赤唐辛子(輪切り)… 1本

EXVオリーブオイル… 適量

黒こしょう(ホール)… 7粒

塩… 適量

モッツァレラやカチョカヴァッロなど溶けるチーズ
(ピザ用チーズで代用可)… 好みで適宜

作り方

1. 白いんげん豆はひと晩(12時間)水につけ、水を
   きる。鍋にたっぷりのお湯を沸かして白いんげ
   ん豆を入れ、2時間ほど中火で茹でる(茹で汁
   は3/4カップとっておく)。※水煮缶の場合は**1**
   は不要(缶の汁を取っておく)

2. セロリ(葉を含む)1本を3〜4cm幅に切り、たっ
   ぷりのお湯を沸かした鍋で豚皮と黒こしょうと
   一緒に1時間弱火で煮込む(a)。豚皮は幅
   1cmほどに切っておく。

3. グアンチャーレを幅1〜2cmに切り、フライパン
   にEXVオリーブオイル小さじ1を熱し、脂が出
   てカリカリになるまで弱火で炒める。

4. もう1本のセロリ(茎のみ)を1cm角に切る。深
   めのフライパンまたは鍋にEXVオリーブオイル
   を熱して赤唐辛子を入れ、玉ねぎ、セロリ、にんじ
   んを加え、しんなりするまで10分ほど中火で炒
   める。そこへ**2**の豚皮と**3**のグアンチャーレを加
   えて中火で数分炒め、塩で味をととのえる(b)。

5. **4**に**1**の白いんげん豆を加え、全体を混ぜる。
   パッサータと**1**でとっておいた茹で汁を加えて
   弱火で30分ほど煮込む。味を見て、必要があ
   れば塩で味をととのえる。好みでチーズを切っ
   たりすりおろして、かけてもおいしい。

材料｜2人分｜

茹でだこ(1cm角に切る)… 250g

じゃがいも… 2/3個(100g)

マンゴー(1〜2cm角に切る)(a)… 小1/2個(約100g)

セロリ(1cm角に切る)… 1本(約100g)

赤玉ねぎ(みじん切り)… 小1/2個(50g)

レモン汁… 大さじ2

レモンの葉(またはレモンの皮のすりおろし)… 適宜

ケッパー(塩漬け)… 小さじ2

※塩抜きしておく(P.20参照)

オレガノ… 適量

EXV オリーブオイル… 大さじ2

塩、こしょう… 各適量

たことじゃがいもと
マンゴーの冷製サラダ

{ インサラータ・ディ・ポルポ・コン・パターテ・エ・マンゴー }

Insalata di polpo con patate e mango

a

紀元前から食されていると言われる
たことじゃがいもの組み合わせは定番のコンビ。
近年シチリアでも多く生産されている
マンゴーの甘みが良いアクセントで、
シチリア人はピクニックや海水浴へ行く際にも
このサラダを持って行きます。

作り方

1. じゃがいもは皮つきのまま水から茹で、竹串がスッと通ったら火からおろして水をきる。粗熱をとり、あたたかいうちに皮をむき、4cmほどのざく切りにする。

2. ボウルに、セロリ、ケッパー、マンゴー、レモンの葉(あれば)を一緒に入れて混ぜる(b)。

3. 2にたこ、じゃがいも、玉ねぎを加え、塩、こしょうで味をととのえる。さらに、EXV オリーブオイル、レモン汁、オレガノを入れ、均等に混ぜ合わせる。

4. 冷蔵庫で2時間以上冷やしてから食べるのがおすすめ。盛りつける前にレモンの葉(香りづけ)は取り除く。

b

材料｜2人分｜

干し鱈… 200g（乾燥重量）

セロリ（茎と葉）（1cm角に切る）… 1本（100g）

にんじん（厚さ5mmの輪切り）… 1/3本（50g）

チェリートマト（4等分に切る）… 4個（100g）

ブラックオリーブ（またはグリーンオリーブ）

（種なし・2等分に切る）… 5粒程度

ケッパー（塩漬け）… 小さじ1

※塩抜きしておく（P.20参照）

バジルの葉… 1枚

オレガノ… 小さじ1

レモン汁… 1/2個分

EXVオリーブオイル… 適量

塩… 適量

こしょう（または赤唐辛子）… 適宜

作り方

1. 干し鱈（a）は、1日に2回朝晩に水を替
   えながら3日間水に浸した後（b）、皮を
   とって4〜5cmのひと口サイズに切り、
   ボウルに入れてレモン汁をふりかける。

2. ボウルににんじん、セロリ、チェリートマ
   ト、ブラックオリーブ、ケッパー、EXVオ
   リーブオイルを混ぜ、手でバジルの葉を
   ちぎり、オレガノを加え、塩、好みでこしょ
   う（または赤唐辛子）で味つけする。

3. 1の鱈を手で絞り、よく水気をきって器に
   盛りつけ、上からひとつまみの塩とEXV
   オリーブオイルをふりかける。さらに2
   の野菜を加え、全体を混ぜる。

4. 2〜3時間ほど冷蔵庫で冷やして味を
   なじませる。

{ インサラータ・ディ・ペッシェ・ストッコ }

Insalata di pesce stocco

干し鱈のサラダ

北欧から、フランス北部のノルマンディーを経由して
保存食として伝わったと言われる干し鱈。
鱈の旨みが生野菜の味を引き立てるこのサラダは、
シチリアの農民の料理として生まれました。

a

b

{ トンノ・イン・アグロドルチェ }

Tonno in agrodolce

まぐろのアグロドルチェ

まぐろ漁の盛んな
トラーパニ地方の漁師のために
家族が持たせた、
まぐろの保存食がルーツの料理。
アグロ（酸っぱい）ドルチェ（甘い）の
名の通り、甘酸っぱい玉ねぎが
まぐろのステーキによく合います。
パンと一緒にどうぞ。

材料｜2人分｜

まぐろの切り身… 2～3切れ（約300g）
赤玉ねぎ（または玉ねぎ）… 中1個（約150g）
砂糖… 20g
白ワインビネガー… 1/5カップ
EXVオリーブオイル… 大さじ2＋適量
塩、こしょう… 各適量

作り方

1. まぐろの切り身の両面に軽く塩、こしょうをふっておく。

2. 砂糖を白ワインビネガーに溶かしておく。

3. 赤玉ねぎは薄切りにする。フライパンにEXVオリーブオイル
   大さじ2を熱し、玉ねぎがしんなりするまで中火で炒める(a)。

4. 3に塩をひとつまみ加えた後に、2を加える(b)。弱火で
   10～15分煮込み、玉ねぎが飴色になったら火を止める。

5. 別のフライパンにEXVオリーブオイルを中火で熱し、まぐろ
   の切り身を入れ、片面約1分ずつ表面にしっかり焼き目を
   つける。

6. まぐろを器に取り出し、上に4の玉ねぎを盛りつければ完
   成。

a

b

※ *Curiosità* ※

イタリアの食後酒

イタリアの食を語る時に欠かせない存在、
食後酒（Digestivo）は「消化を助ける」という意味を含む言葉です。
食後にコーヒーは日本でも一般的ですが、イタリアでは食後はコーヒーまたは食後酒、
またはその両方を飲みます。定番は日本でも知名度の高いリモンチェッロやグラッパ。
シチリアでは、アマーロがメジャーです。

リモンチェッロ
Limoncello

レモンとスピリタス（ウォッカ）がベースのリキュール。甘くて爽やかで飲みやすいので女性にもおすすめ。日本の梅酒的な存在でイタリアでは自家製のリモンチェッロがある家庭も多い。アルコール度数は30度以上。

グラッパ
Grappa

ワイン醸造時に出る葡萄の搾りかすを蒸留して生まれたお酒。アルコール度数は30〜60度とやや高め。木樽熟成していない無色透明のものから、樽で長期熟成されたバリックなど種類は多い。

アマーロ
Amaro

いろいろなハーブや薬草から造られたリキュール。アマーロとはイタリア語で「苦い」という意味があり、後味は少し苦め。作られた原料によって風味や味はまったく異なる。アルコール度数は30度前後。

マルサラワイン
Marsala

醸造過程でアルコールを添加する酒精強化ワインで、アルコール度数は18度前後。糖度や熟成期間によってまったく異なる仕上がりになる。中には10年以上の長期間熟成させるタイプのものも。

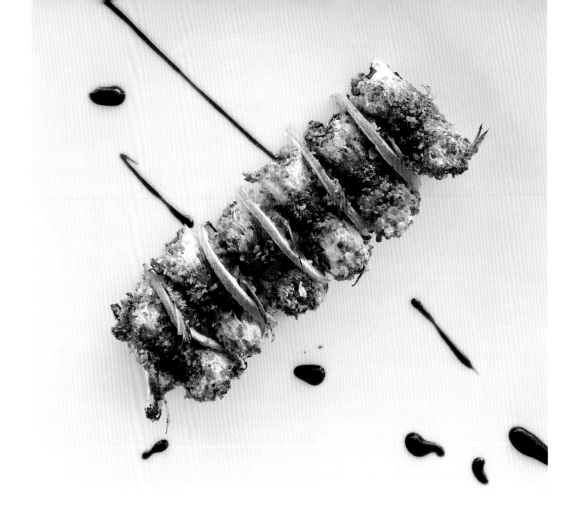

いわしのベッカフィーコ

Sarde a beccafico

{ サルデ・ア・ベッカフィーコ }

ベッカフィーコとは、
イチジク（フィーコ）が大好きな鳥の名前。
19世紀、裕福な貴族達は狩りを楽しみ
その肉を食していました。
一方、庶民がいわしを使って真似たのがこの料理。
松の実やレーズンなどが入った、シチリアらしい味です。

仕上げにバルサミコ・クリームをかけるのもおすすめ。

材料│2人分│

かたくちいわし… 15尾（約300g）
（真いわしで代用可）
にんにく（みじん切り）… 1/2片
パルメザンチーズ（削っておく）
… 小さじ2
細かいパン粉（P.20参照）… 60g
ドライレーズン（ぬるま湯でもどす）… 小さじ2
松の実… 小さじ2
ケッパー（塩漬け）… 小さじ2
※塩抜きして（P.20参照）みじん切り
イタリアンパセリ（みじん切り）… 小さじ2
レモン（薄い半月形にスライス）… 2/3個分
レモン汁… 大さじ2
EXVオリーブオイル
… 大さじ1＋適量
砂糖… ひとつまみ
塩、こしょう… 各適量

作り方

1. いわしは頭を落とし、内臓を取り除いて水洗いしたら手開きし、中骨を取り除く（真いわしを使う場合は2等分する。その場合は尾ビレも取り除く）。砂糖をレモン汁に溶かしておく。

2. ドライレーズンをぬるま湯（分量外）に15分ほどつけ、しっかり水をきって粗みじん切りにする。

3. フライパンにEXVオリーブオイルとにんにくを入れてから中火にかけ、にんにくが色づき香りが出てきたらパン粉を加え、焼き色をつける。ボウルに移し、ケッパー、2のレーズンと松の実を加え、塩、こしょうで味をととのえ、EXVオリーブオイルを大さじ1加え、均等に混ぜてよく冷ます（a）。

4. いわしの真ん中を中心に3の具材を適量のせ、尾ビレに向かってくるっと巻いていく。

5. 4のいわしとスライスレモンを交互に串に刺す。いわしのサイズによっては1尾ずつ爪楊枝で留める。

6. 耐熱皿にEXVオリーブオイルを薄く塗り、4を並べ、3の具材（残っていれば）とEXVオリーブオイル、1のレモン汁を上からふりかける。

7. 200℃に予熱したオーブンで15〜20分焼く（b）。

a

b

※写真は材料より多めです

a

b

c

シチリア風
めかじきのホイル焼き

Pesce spada al cartoccio alla siciliana

{ ペッシェ・スパーダ・アル・カルトッチョ・アッラ・シチリアーナ }

めかじきとケッパーの組み合わせがまさにシチリア風！
材料をホイルに包んでオーブンに入れる
簡単なレシピですが、さらに時間を短縮したい場合には
フライパンでもできます。

材料｜2人分｜

めかじきの切り身…3〜4切れ(400g)
※写真のような輪切りでなくてOK

ミニトマト(4等分に切る)… 8個(160g)

にんにく(4等分に切る)… 1片

ケッパー(塩漬け)… 大さじ1
※塩抜きしておく(P.20参照)

EXV オリーブオイル… 大さじ2

塩、こしょう… 各適量

作り方

1. めかじきは水分をキッチンペーパーで拭きとり、軽く塩をふる。

2. ボウルに、ミニトマト、ケッパー、にんにくとEXV オリーブオイルを入れ、塩、こしょうで味をととのえる。

3. アルミホイル(めかじきの2倍程度の大きさに切る)を広げ、めかじきを並べる(a)。上から2をのせて(b)、アルミホイルをしっかりと閉じる(c)。

4. 180℃に予熱したオーブンで30分ほど焼く。または、フライパンまたは鍋に入れてふたをし、強火で15分焼く。

5. 器に盛りつけたら、EXV オリーブオイルを上から軽くふりかける。

めかじきのインヴォルティーニ
Involtini di pesce spada
{ インヴォルティーニ・ディ・ペッシェ・スパーダ }

材料 | 2人分 |

めかじきの切り身… 1＋2/3切れ (200g)

パルメザンチーズ (削っておく)… 20g

細かいパン粉 (P.20参照)… 50g

イタリアンパセリ (粗みじん切り)… 小さじ1

ケッパー (塩漬け)… 小さじ1 ※塩抜きしておく (P.20参照)

EXV オリーブオイル… 適量

塩、こしょう… 適量

レモン汁… 好みで適宜

シチリア料理に数多くある
ロールの中でもかなりシンプル。
ケッパーとイタリアンパセリの香りが
ほんのりきいて、食べやすい味つけです。
好みでレーズンやオリーブを中に入れると
よりシチリアらしいレシピに。

作り方

1. めかじきはひと切れを厚さ3mm程度、2〜3等分に切り、塩をふっておく。ケッパーは粗く刻んでおく。

2. ボウルにパン粉、パルメザンチーズ、イタリアンパセリ、ケッパー、塩、こしょうを入れ、均等に混ぜ合わせる。

3. **1**のめかじきの片面にEXVオリーブオイルを塗り、**2**をその面にまぶし、さらにひとつまみのせて巻き込み (a)、竹串に刺していく (b)。

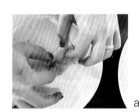
a

4. ロール全体をオリーブオイルで濡らし、中火で熱したフッ素加工のフライパンに並べ、表面に焼き色がつくまで何度かひっくり返しながら5分ほど焼く。または、200℃に予熱したオーブンで15〜20分焼く。好みでレモンを上から絞ってどうぞ。

b

いかのリピエノ

Calamari ripieni

{ カラマーリ・リピエーニ }

地中海の旨みをぎゅっと凝縮したような、新鮮ないかのリピエノと
味わい深いトマトソースのハーモニーがたまらない一品。
肉を食べないことが伝統の、シチリアのクリスマスイブの定番料理にもなっています。

材料 | 2人分 |

小ぶりのするめいか (またはやりいか) … 2杯
チェリートマト (4等分に切る) … 2個 (50g)
グリーンオリーブ (種なし・5mm角に切る) … 3粒程度
細かいパン粉 (P.20参照) … 50g
にんにく (みじん切り) … 1片
ケッパー (塩漬け) … 小さじ1
※塩抜きして (P.20参照) みじん切り
イタリアンパセリ (みじん切り) … 小さじ1
EXVオリーブオイル… 適量
塩、こしょう… 各適量

【トマトソース】
白ワイン… 1/4カップ
にんにく (つぶしておく) … 1/2片
パッサータ (P.19参照) … 1カップ

作り方

1. いかは胴体と足を分け、胴体の内臓、骨、くちばしなどを取り除いて皮をむく (下処理が終わった状態で購入できればベター)。足はみじん切りにする。

2. トマトソースを作る。鍋にEXVオリーブオイルとつぶしたにんにくを入れてから中火で熱し、にんにくが色づき香りが出てきたら白ワインを入れて、アルコール分をとばす。その後、パッサータを加え、塩で味をととのえ、弱火で15分煮込む。にんにくは取り除く。

3. ボウルにパン粉、イタリアンパセリを入れて均等に混ぜる。

a

4. フライパンにEXVオリーブオイルとみじん切りにしたにんにくを入れてから中火にかけ、にんにくが色づき香りが出てきたら、いかの足を入れて2〜3分炒める。さらにチェリートマト、ケッパー、グリーンオリーブを加え (a) 5分ほど炒めたら、3を加える (b)。全体を均等に混ぜたら、塩、こしょうで味をととのえて火からおろし、2のトマトソース大さじ1を混ぜて冷ます。

b

5. 4を、1のいかの胴体の中に詰め、口は爪楊枝で留める。

point 中身は後で膨らむので、いっぱいに詰めすぎず、1/4程度はスペースを残しておく。

6. 耐熱皿に2の残ったトマトソースを入れ (盛りつけ用に1/4量は残しておく)、5のいかを並べる (c)。180℃に予熱したオーブンで25分焼く。最初の15分は、クッキングシートとアルミホイルを被せた状態で。15分経ったら取り除き、裏返して10分焼く。

7. 器に盛りつけ、トマトソース (余っていればパン粉も) を添える。

c

材料│2人分│

ムール貝（大きめのあさりで代用可）
… 20 ～ 25個（約500g）

完熟トマト（1cm角に切る）… 大 1/2 個（約120g）

じゃがいも… 1 ＋ 1/2 個（200g）

玉ねぎ（みじん切り）… 中 1/4 個（約40g）

にんにく（みじん切り）… 1/2 片

イタリアンパセリ（みじん切り）… 少々

白ワイン… 1/4 カップ

EXV オリーブオイル… 適量

塩、こしょう… 各少々

ムール貝とじゃがいもの温製サラダ

アガタマンマが幼少期お世話になった
叔母さん直伝のレシピ。
材料をすべて一緒に煮込むのではなく、
別々に調理する点もポイントなのだとか。
最後にかけるイタリアンパセリの香りが、
素材の旨味を引き立てます。

作り方

1. ムール貝の表面の汚れを流水で洗い流し、足糸（貝から出ているひげのようなもの）を取る。

2. じゃがいもは皮つきのまま水から茹で、竹串がスッと通ったら火からおろして水をきる。粗熱をとり、あたたかいうちに皮をむき、1cm角に切る。

3. フライパンに EXV オリーブオイルとにんにくを入れて中火にかけ、にんにくが色づき香りが出てきたら玉ねぎを加えて炒める。玉ねぎがしんなりしてきたらムール貝を加え、貝の口が開いたら火を止める。口が開ききらなかったムール貝は捨て、開いたものは殻から身を取り出し、半分は飾り用に殻つきのままフライパンから取り出す（汁は残しておく）。

4. 別のフライパンに EXV オリーブオイルを熱し、トマトをしんなりするまで中火で炒める。

5. 3のフライパンの汁に白ワインを加え、ひと煮立ちさせ、3のムール貝にかけてよく混ぜる。

6. 器の中央に2のじゃがいもを、そのまわりに5を盛りつけ、4のトマトを全体にかける。塩、こしょうで味つけし、イタリアンパセリをふりかける。

Insalata di cozze e patate
{ インサラータ・ディ・コッツェ・エ・パターテ }

ムール貝の
パン粉オーブン焼き

シチリアの家庭でもよく登場する、魚介の前菜の
定番でおもてなし料理としても活躍。
スパークリングや白ワインにもぴったりです。
にんにくとパセリで味わい深いパン粉と
プリッとしたムール貝がよく合います。

Cozze gratinate al forno
〔 コッツェ・グラティナーテ・アル・フォルノ 〕

材料｜2人分｜

ムール貝（大きめのあさりで代用可）… 12個（約250g）
にんにく（みじん切り）… 1/2片
イタリアンパセリ（みじん切り）… 少々
パルメザンチーズ（削っておく）… 10g
細かいパン粉（P.20参照）… 50g
白ワイン… 30㎖
EXV オリーブオイル… 小さじ1
塩、こしょう… 各適量

作り方

1. ムール貝の表面の汚れを流水で洗い流し、足
   糸（貝から出ているひげのようなもの）を取る。

2. フライパンを中火にかけ、ムール貝を入れ、白
   ワインを加えて塩、こしょうで味をととのえて
   からふたをして蒸す。

3. 2分後、ムール貝の口が開いたら火を止める。
   貝がまったく開かなかったものや割れているも
   のは取り除く。また、この時貝から出たスープ
   は別の容器に移しておく。

4. ボウルに、パン粉、パルメザンチーズ、にんに
   く、イタリアンパセリ、EXV オリーブオイルを混
   ぜ合わせ、3のスープ大さじ1を加えて具をし
   めらせる。

5. 貝の実が付いていない方の殻を取り除き、4
   をムール貝の上にのせる。

6. 耐熱皿にクッキングシートを敷き、5を並べ、
   200℃に予熱したオーブンで10〜15分ほど
   表面がきつね色になるまで焼く。

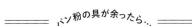

パン粉の具が余ったら…

ミニトマトのパン粉オーブン焼き

Pomodorini
ripieni al forno
〔 ポモドリーニ・リピエーニ・アル・フォルノ 〕

材料

ミニトマト… 4個
余ったパン粉の具… 大さじ4
塩… 適量
EXV オリーブオイル… 適量

作り方

1. ミニトマトは半分に切り、中身をスプーンな
   どでくり抜き、パン粉焼きの余った具材に混
   ぜる。

2. 耐熱皿にクッキングシートを敷き、1のミニト
   マトを並べ、塩をふっておく。

3. 具材をスプーンで2に詰め、上からEXV オ
   リーブオイルを回しかける。

4. 180℃に予熱したオーブンで5分ほど焼く。

※ Curiosità ※

シチリア人の朝ごはん

イタリア人の朝ごはんは、甘いものとコーヒー、またはカプチーノが定番です。
野菜？　食べないのです。朝からよくそんなに甘いものを食べられるなぁ…と思うかもしれませんが、
逆にイタリア人は典型的な和朝食を見て、朝から魚を食べるなんて…と思うそう。
さらに、以下で紹介する朝ごはんのうち、「コルネットとカプチーノ」以外はシチリア限定です。

夏の朝食

グラニータとブリオッシュ（P.102-103参照）
グラニータのフレーバーはコーヒーやナッツ系が人気。上にたっぷり生クリームをのせてスプーンでかき混ぜたものに、ちぎったブリオッシュを浸しながら食べるのがシチリア流！

ブリオッシュのジェラートサンド
ブリオッシュにジェラートをはさんで食べるという、おいしくも高カロリーな一品。シチリアのパレルモには同じ名前の専門店もあり、ブリオッシュの種類や、チョコレートソースのトッピングも選べます。

冬の朝食

コルネットとカプチーノ
コルネットは、イタリアのクロワッサン。中にクリーム、ジャム、ピスタチオクリームなどが入っているものから、何も入っていないシンプルなものまで種類はさまざま。お気に入りのコルネットにカプチーノを合わせるのが定番です。

イリス
リコッタチーズのクリーム（チョコチップが入っていることも）が入った揚げパンで、サクサクの揚げパンと濃厚なリコッタクリームの組み合わせが絶妙。パレルモのマッシモ劇場で上演されたオペラ「イリス」が名前の由来。

Capitolo 4
ドルチェ＆スナック
Dolci e Spuntini

シチリアドルチェの定番カンノーロは、
筒状に揚げられた生地の中に
たっぷりクリームを入れたもの。
ここでは筒状にするには特殊な道具が必要なため、
巻かないカンノーロをご紹介。
甘いデザートワインと一緒に
いただくのがシチリア流。

スタンダードな
筒状カンノーロ

{ カンノーロ・スコンポスト }

Cannolo scomposto

巻かないカンノーロ

材料｜3〜6個分｜

【生地】

A (合わせてふるっておく)

| 薄力粉… 75g
| ココアパウダー… ひとつまみ

卵黄… 1/2個分

砂糖… 10g

有塩バター (常温にもどす)… 15g

マルサラワイン (ブランデーで代用可)… 30㎖

白ワインビネガー… 小さじ 1/2

サラダ油… 適量 (揚げ物用)

塩… ひとつまみ

基本のリコッタクリーム (右ページのカコミ参照)
… 275g

【飾り用】

ドライフルーツ、ピスタチオ (粗く刻む) など

作り方

1. **A**、卵黄、バター、砂糖、マルサラワイン、ワインビネガー(a)、塩をボウルに入れて混ぜる(b)。

a

2. 生地がひとまとまりになったら、ラップに包んで冷蔵庫で1時間休ませる。

b

3. 打ち粉をした台の上に、生地をめん棒でのばし、折って、のばしを数回繰り返し、厚さ2〜3mmにのばし(c)、好きな形や大きさに切る(写真は7cm×3cmの長方形)。

c

4. 揚げ物用の鍋、または深めのフライパンにたっぷりの油を180℃に熱し、両面がきつね色になるまでカラッと揚げる(d)。

point 焦げると苦くなるので注意!

d

5. 油きりバットで油をきって粗熱をとる。

6. 器に、絞り袋に入れたリコッタクリームと**5**、好みのドライフルーツなどを自由にデコレーションしていく。**5**を一部割ったり、クリームをはさんだりするのもおすすめ。

基本のリコッタクリーム
Crema di ricotta

材料
羊乳(なければ牛乳)の生リコッタチーズ… 200g
粉砂糖… 75g
バニラエッセンス… 適量
ドライフルーツ、チョコレートチップや刻んだピスタチオなど… 好みで適宜

作り方

1. 生リコッタチーズをざるの上にのせて冷蔵庫でひと晩おいて水をきった後、清潔な布で包んで完全に水分を抜く。

2. **1**に、粉砂糖とバニラエッセンスを加え、滑らかなクリーム状になるまで混ぜ合わせる(こし器で裏ごしするとさらに滑らかになる)。

3. 好みでドライフルーツ、チョコチップなどを混ぜる。

カッサータのオーブン焼き

Cassata al forno

〔 カッサータ・アル・フォルノ 〕

リコッタクリームをたっぷり使うカッサータは、カンノーロに並ぶポピュラーなシチリアのドルチェ。
通常はスポンジケーキを使う冷菓ですが、ここでご紹介するのはタルト生地ベースの焼き菓子。
日曜日のランチの後のお茶のお供に登場します。

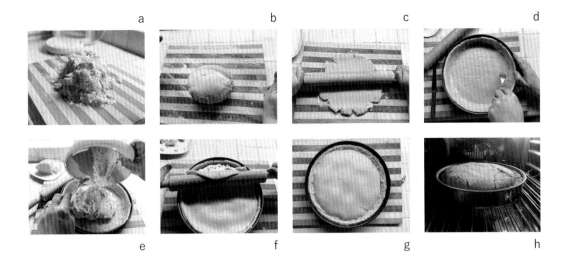

a   b   c   d

e   f   g   h

材料｜直径20cmのタルト型1台分｜

【生地】

A（合わせてふるっておく）

　薄力粉… 400g

　ベーキングパウダー… 小さじ1

全卵… 1個

黄身… 1個分

ラード（または無塩バター）… 75g

有塩バター（常温にもどす）… 75g

グラニュー糖… 150g

レモンの皮（すりおろし）… 1/2個分

塩… ひとつまみ

基本のリコッタクリーム（P.97参照）

… 850g（冷蔵庫で冷やしておく）

【仕上げ用】

粉砂糖… 適量

作り方

1. ボウルに**A**を入れ、常温にもどしたバターとラードを加えて、指を使って（べたつきやすいのでビニール手袋を使うのがおすすめ）こすり合わせるように（またはフードプロセッサーで）混ぜる。

2. **1**にグラニュー糖を加え、さらに全卵、黄身、塩ひとつまみ、レモンの皮を入れて、木べら（またはフードプロセッサー）で混ぜ、生地をひとまとめにする（a）。

3. 打ち粉をした台の上に**2**をのせ、表面が滑らかになるまでこね（b）、ラップに包んで冷蔵庫で3時間休ませる。

4. 生地の3/5量を厚さ3〜4mm、タルト型よりひとまわり大きいサイズにのばしていく（c）。型に生地を入れ、はみ出した部分は切り取り、形をととのえる。生地の底部分にフォークで穴をあける（d）。

5. 残りの生地をタルト型の大きさ、厚さ3〜4mmにのばし、こちらもフォークで穴をあけておく。

6. **4**にリコッタクリーム（写真はチョコチップ入り）を入れて（e）ならしたら、**5**の生地をめん棒に巻きつけて被せ（f）、下の生地を折り曲げてフォークなどで押さえ、クリームが外に出ないようにしっかりとつなぎ合わせる（g）。

7. 180℃に予熱したオーブンで50分〜1時間焼く（h）。オーブンから取り出し、粉砂糖をふりかける。

材料｜直径20cmのケーキまたはタルト型1台分｜

薄力粉（ふるっておく）… 250g

グラニュー糖… 100g

好みのジャム

… 300g（おすすめは甘すぎないマーマレード）

※ジャムの甘さによって量を調整する

卵黄… 2個分

無塩バター（常温にもどす）… 150g

バニラエッセンス… 少々

オレンジの皮（すりおろし）… 1/2個分

※オレンジ以外の柑橘類の皮でもOK

塩… ひとつまみ

ドライフルーツ… 適宜（トッピング用）

クロスタータとは、クッキー生地を土台にして
ジャムなどを詰めて焼いたイタリア定番の焼き菓子。
休日に友達を招く時や朝食時に食べられることも。
普段甘いものを控えている人も、
日曜日にマンマが作るクロスタータには
つい手をのばしてしまうものです。

a

b
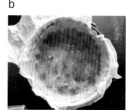
c
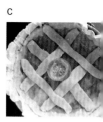

作り方

1. バターを小さなサイコロ状に切る。

2. ボウルに薄力粉と**1**のバター、ひとつまみの塩を入れ、指先を使ってサラサラの状態になるまですり合わせる（ベタつきやすいのでビニール手袋を使うのがおすすめ）。

3. **2**のボウルに卵黄、グラニュー糖、バニラエッセンス、オレンジの皮を入れて手で混ぜ合わせる。

4. 生地の表面が滑らかになりまとまったら、ラップに包み1時間以上冷蔵庫で休ませる。

5. 打ち粉をした台の上にクッキングシートを敷き、**4**の2/3量をのせ、5mmほどの厚さの円形にのばしてクッキングシートのままタルト型に敷き詰め、余った生地は切って取る（a）。

6. ジャム（写真はマンマお手製のオレンジマーマレード）を敷き詰める（b）。

7. 残りの生地も同じ厚さにのばし、1cm幅の縦長に切り、タルト表面に格子状に被せる。好みで上に装飾用のドライフルーツを飾る（c）。

8. 180℃に予熱したオーブンで約30〜40分焼き、表面がきつね色になったら完成。

ジャムのクロスタータ

Crostata di marmellata

〔クロスタータ・ディ・マルメッラータ〕

復活祭で食べられるシチリアの伝統焼き菓子。
とても食べやすく香ばしいクッキーに、
キリスト復活のシンボルである卵がのっています。
鳩の形は平和の象徴。
食べる時には茹で卵は取って別にいただきます。

材料│大1個分、または小2個分│

※小1個が右の写真

A（合わせてふるっておく）
│ 薄力粉… 250g
│ ベーキングパウダー… 小さじ1＋1/2

砂糖… 100g
ラード（または無塩バター）… 100g
全卵… 1個
卵白… 1個分
茹で卵… 4個（好みの硬さ）
バニラエッセンス… 少々
チョコレートスプレー… 好みで適宜
塩… ひとつまみ

Cuddure 〔クッドゥーレ〕
復活祭のクッキー

作り方

1. 大きめのボウルに**A**と砂糖を入れて混ぜる。生地の真ん中
   に穴をあけ、そこへ全卵と常温にもどしたラード（または無
   塩バター）、塩、バニラエッセンスを加えてこねていく。

2. **1**がひとまとまりになり、滑らかになってきたら、丸い形にまと
   めてラップで包み、冷蔵庫で約1時間休ませる。

3. 台の上にクッキングシートを敷き、小2個作る場合は**2**の生
   地を2等分して約1cmの厚さにめん棒でのばす（a）。

   > **point** 生地の上にクッキングシートをのせてのばすとスムーズ。

a

4. 生地を鳩の形にカットする（事前に実寸の絵を描いておくと
   やりやすい。伝統的な形は鳩だが、形は自由）（b）。

5. 鳩の中心（お腹あたり）に茹で卵を置き、余った生地を使っ
   て固定する。鳩の目の部分にはコーヒー豆を置いても良い
   （c）。

b

6. 表面に卵白をはけで塗り、チョコレートスプレーでデコレー
   ションする。

   > **point** チョコレートスプレーは多めの方が、明るい印象に。

7. 天板にクッキングシートを敷いて**6**をのせ、180℃に予熱し
   たオーブンで15〜20分、きつね色になるまで焼く。

c

材料 | 6人分 |

【グラニータ】

水(常温)… 2＋1/2カップ

グラニュー糖… 300g

※代わりに好みのフルーツシロップを入れれば、フルーツフレーバーになる

レモン汁… 1＋1/4カップ

【ブリオッシュ】

A (合わせてふるっておく)

マニトバ粉(または強力粉)… 100g

薄力粉… 150g

ドライイースト… 小さじ1＋1/2

無塩バター(常温にもどす)… 50g

全卵… 1個

卵黄… 1/2個分

牛乳… 25ml

水… 1/4カップ

グラニュー糖… 40g

塩… 3g

レモンの皮(すりおろし)… 1/2個分

B (混ぜておく)

卵黄… 1個分

牛乳… 大さじ1/2

グラニータとブリオッシュ

Granita e brioche

〔 グラニータ・エ・ブリオッシュ 〕

夏のシチリア人の定番朝ごはんは、
グラニータとブリオッシュのセット(P.94参照)。
ふわふわのブリオッシュに、
ジャリジャリしたグラニータを浸していただきます。
手作りすると、さらに格別です!

グラニータは9〜10世紀、活火山エトナの洞窟で氷を保存していたアラブ人が、氷にフルーツや蜂蜜をかけて食べていたのがはじまり。1686年にアチトレッツァ出身のフランチェスコ・プロコピオ・デ・コルテッリがパリでカフェを開き、そこでグラニータ技術を活かしてつくったのがジェラートの起源と言われています。

作り方

＜グラニータを作る＞

1. 鍋に常温の水とグラニュー糖を入れ、弱火であたためながらグラニュー糖を溶かし、完全に溶けたら火からおろす。常温程度まで冷めたらレモン汁を加え、よく混ぜる。

2. 味を見て、甘さが足りなければグラニュー糖（分量外）を加え、バットに移してラップをかけて冷凍庫で冷やす。

3. 20分経ったらバットの中身をフォークかスプーンでかき混ぜる。この作業を2時間の間に2〜3回繰り返す。

4. 全体がシャーベット状になり凍ったら完成。

＜ブリオッシュを作る＞

1. 常温にもどしておいたバターをボウルに入れグラニュー糖、**A**と塩を加えて手でざっくり混ぜる。

2. 牛乳と水を別々にひと肌にあたためる。**1**に全卵と卵黄を加え、さらにドライイーストを入れる。ドライイーストをめがけてお湯、その後牛乳を加え、全体を混ぜていく。

3. すりおろしたレモンの皮を加えてさらに混ぜ、生地がある程度まとまったら、打ち粉をした台の上に出し、手でさらに10分ほどこねる。

point > **しっかり混ぜないとうまく発酵しない。**

4. 生地の表面が滑らかになったら（a）ボウルに戻し、ラップをかけて常温で3時間ほどおいて発酵させる。

5. 再び台の上でやさしく生地をのばし、折って、のばしてを2〜3回繰り返し、ひとまとまりにしたら、ボウルに戻し、ラップをかけて冷蔵庫で1時間休ませる。

6. **5**の生地を7等分にし（b）、うち6個で平べったい丸形を作り（c）、真ん中を少し窪ませる。残りの1個を6等分にし、球体を成形し、窪みにのせ、雪だるまのようなブリオッシュの形を作る（d）。

7. 天板にクッキングシートを敷いて**6**をのせ、**B**を刷毛で表面に塗って、190℃に予熱したオーブン約で15〜20分、きつね色になるまで焼く。

a

b

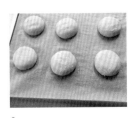
c

d

材料｜2人分｜

米… 70g（洗わない）
生アーモンド… 45g
シナモンパウダー… 小さじ1
ココアパウダー… 大さじ1
ビターチョコレート… 45g
牛乳… 285㎖
グラニュー糖… 70g

a

b

作り方

1. アーモンドをフライパンでから炒りする。少し焦げ目がついたら、フードプロセッサーにかけ、粉砕する。

2. 鍋に牛乳と米を入れ、弱火で煮込んでいく。米がやわらかくなってきたらグラニュー糖を加え、完全に溶けるまで混ぜる。

3. 2にチョコレートとココアパウダーを加え、しっかり混ぜる（a）。底の方が焦げやすいので注意。

> **point** 泡立て器を使って混ぜると良い。

4. 1のアーモンド（1/4量は飾りつけ用にとっておく）を加えて（b）混ぜ、続いてシナモンパウダーを加える。

5. すべてが均等に混ざり、ずっしりとしたクリーム状になったら、器に入れて粗熱をとり、上からアーモンドをふりかけ、冷蔵庫で2時間以上冷やして固める。

メッシーナ発祥リーゾ・ネーロ

Riso nero alla messinese

〔 リーゾ・ネーロ・アッラ・メッシネーゼ 〕

メッシーナ県ティンダリの
大聖堂にある黒いマリア様への
信仰のシンボルとして
生まれたと言われるお菓子。
クリスマス前後から
お正月にかけて食べられます。
チョコレートとアーモンドの
ハーモニーが濃厚で、
洋風のおはぎのようです。

好みでオランジェットを添えていただく。

カターニア風アーモンド・チョコレート
Mandorle ricoperte di cioccolato alla catanese
{ マンドルレ・リコペルテ・ディ・チョッコラート・アッラ・カタネーゼ }

ローストすることでより香ばしい食感になったアーモンドを
チョコレートでくるんだお菓子。アガタマンマの定番レシピ。

材料｜約15個分｜
生アーモンド… 100g
ビターチョコレート… 100g
EXV オリーブオイル
（または無塩バター）… 小さじ1/2

紙ケース

シリコン型

作り方
1. 鍋に水とアーモンドを入れて火にかけ、沸騰直前に火を止めて水をきり、茶色い皮を取り除く。ふきんやキッチンペーパーでしっかり水気をとり、180℃に予熱したオーブンで10分焼く（実に少し色がついたらOK）。

2. その間、湯煎でチョコレートを溶かす。完全に溶けたらオリーブオイルを混ぜ、1のアーモンドを加えてよく混ぜる。

3. シリコンのチョコレート型に入れ（型1個に対してアーモンド3〜4粒分）、冷蔵庫で2時間ほど冷やして固める。

point 紙ケースやアルミケースにスプーンですくって直接入れても良いが、シリコン型の方が表面のツヤが良い。

材料｜グラス2個分｜
牛乳（常温）… 1＋1/4カップ
グラニュー糖… 50g
卵黄… 1個分
コーンスターチ（または薄力粉）
（ふるっておく）… 40g
オレンジの皮（すりおろし）… 1/4個分
※オレンジ以外の柑橘類の皮でもOK
（またはバニラエッセンス少々）
ピスタチオ、蜂蜜など… 好みで適宜

作り方
1. 鍋にグラニュー糖と卵黄を入れ木べらでよく混ぜ、コーンスターチを加え、牛乳を混ぜながら少しずつ加える（まだ火にかけない）。

point ゆっくり加えていくことでダマになるのを防げる。

2. オレンジの皮（またはバニラエッセンス）を入れて弱火にかけ、木べらで混ぜる。クリームにとろみがついてきたら火を止める。

3. グラスなどの器に注ぎ、冷蔵庫で冷やし固める。好みで刻んだピスタチオや蜂蜜をかける。

アガタ流カスタードクリーム
Crema pasticcera di Agata
{ クレーマ・パスティッチェーラ・ディ・アガタ }

いろいろなドルチェに応用できる、アガタマンマ特製クリーム。
グラスに入れてそのまま食べても、冷やして固めたものに
パン粉をつけて揚げるのもおすすめ。

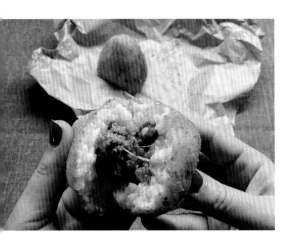

アランチーニ

Arancini

{ アランチーニ }

シチリアのB級グルメの代表！
やはり揚げたてが最高です。
12月13日のサンタルチアの日、
パレルモではアランチーナ
（呼び方の違いは下のカコミ参照）
を食べるのが伝統です。

材料｜5個分｜

【お米】
米… 250g
有塩バター… 35g
サフラン… 0.1g
塩… ひとつまみ

【具材】
牛と豚の合いびき肉… 100g
玉ねぎ(5mm角に切る)… 中1/4個（約40g）
にんじん(5mm角に切る)… 1/3本(50g)
セロリ(茎)(5mm角に切る)… 1/2本(50g)
グリーンピース(冷凍でも可)… 50g
プローヴォラ(モッツァレッラで代用可)(1cm角に切る)
… 30g(好みで調整)
ハム(1cm角に切る)… 30g(好みで調整)
ローリエの葉… 1枚
パッサータ(P.19参照)… 3/4カップ
EXVオリーブオイル… 適量
赤ワイン… 1/2カップ
塩、こしょう… 各適量
サラダ油… 適量(揚げ物用)

【衣用】
薄力粉… 80g
細かいパン粉(P.20参照)… 適量
水… 80㎖

東のアランチーノと西のアランチーナ

　　オレンジを意味する「Arancia」から派生し、「小さいオレンジ」の意味の「アランチーニ」。
これは複数形の言い方ですが、単数形は地域で違いがあり、メッシーナ界隈や東海岸のカ
ターニアでは「アランチーノ」(oで終わる男性名詞)、パレルモやトラーパニなど西海岸では
「アランチーナ」(aで終わる女性名詞)と言います。大したことではないと思うかもしれま
せんが、地元の人はこだわっていて、パレルモで「アランチーノください」と言うと、ちょっと
ムッとしながら「アランチーナ！」と正されることも。なお、シチリア方言では
「アランチーヌ」でそれを標準イタリア語に直すと「アランチーノ」
です。形状も、西海岸のアランチーナは球体、東海岸のアラン
チーノは円錐形と形が異なるのも興味深いです。

作り方

1. 米に塩を加え、鍋や炊飯器で少し硬めに炊いたら、熱いうちにサフランとバターを入れ均等に混ぜ、大きめのバットなどに広げて冷ます。

2. 具材を準備する。EXV オリーブオイルを熱したフライパンに玉ねぎ、にんじん、セロリを入れ、しんなりするまで中火で炒める。ひき肉を加え表面に色がつくまで炒めたら、赤ワインを加えてアルコール分をとばす。さらにパッサータを加え、塩、こしょうで味つけし、ローリエの葉を加えて、時々木べらで混ぜながら約50分弱火で煮込む。

3. **2**にグリーンピース(冷凍の場合は事前に解凍)を加えて、汁気がなくなるまで15分ほど煮詰める。火を止めたらローリエの葉は取り出しておく。

4. 手を水で濡らし、**1**の1/5のさらに半分の米を手のひらにとり、小さな窪みを作り、そこに具材を(好みでチーズとハムも)のせ(a)、上から米を被せて円錐形に成形する。

5. 薄力粉を水で溶いた衣に**4**をくぐらせ(b)、パン粉を全体にたっぷりまぶしたら(c)、170℃に熱した油でカラッと揚げる(d)。

a

b

c

d

カターニア風
スカッチャータ

クリスマスに食べられる、カルツォーネの一種。
シチリアの東海岸の名物であり、
場所によって具もさまざま。
カターニアではアンチョビやチーズが定番。
ハムやサルシッチャを入れることも。

Scacciata catanese
{ スカッチャータ・カタネーゼ }

材料｜直径20cmのパイ型1台分｜
※縁にギザギザのないもの
デュラムセモリナ粉… 300g
ドライイースト… 小さじ2/3
EXV オリーブオイル… 大さじ2
水(常温)… 170ml
塩… 小さじ1

トゥーマ・シチリアーナ(またはモッツァレラ)
(1cm角に切る)… 120g
アンチョビ… 6枚

塩、こしょう、EXV オリーブオイル… 各適量

【仕上げ用】
EXV オリーブオイル… 大さじ1
水… 大さじ1/2

a

b

作り方

1. ボウルに常温の水とドライイースト、EXV オリーブオイルの順に入れ、よく混ぜる。セモリナ粉をスプーンで少しずつ加え、さらに混ぜる。生地がある程度まとまったら塩を加える。

2. 1を打ち粉をした台の上に取り出し、生地の表面が滑らかになり、手にくっつかなくなるまでこねる。

3. 別のボウルにEXV オリーブオイルを薄く塗り、2の生地を入れて上からラップをし、なるべくあたたかい場所で3時間ほどおいて発酵させる。

4. 3の生地を2等分にし、それぞれをめん棒で厚さ4〜5mm、型に合った大きさにのばす。

5. 半分の生地を型に敷き、上にチーズとアンチョビを均等に並べる。塩とこしょうで味つけし、EXV オリーブオイルを少量ふりかけ(a)、もう半分の生地を上から被せる。下の生地を上に重ねるようにして縁を作っていく(b)。

6. 上から仕上げ用のEXV オリーブオイルと水を混ぜたものをはけで塗り、フォークで穴をあけたら、ラップをして、さらに40分ほど発酵させる。

7. 250℃に予熱したオーブンで20〜25分焼く。

point 最初の10〜12分は下段に。底がきつね色になったら2段なら上段、3段なら中段に移動させる。段がない場合は加熱が早く焦げやすいので、こまめにチェックを!

Amaro Indigeno

〔 アマーロ・インディージェノ 〕

スイーツと一緒に
アマーロ・インディージェノを楽しむアガタマンマ。
カスタードクリーム（P.105）に
かけるのもおすすめ。

アルコール度数は32度。

アガタマンマが食のジャーナリストであるリータさんとプロデュースした、オリジナルのアマーロ（P.85参照）があります。商品名の「アマーロ・インディージェノ（Amaro Indigeno）」は、その土地の特産、土着といった意味。彼女たちの地元への思い入れの強さが感じられます。

主原料はシチリアのシンボルでもあり、カターニア人達が愛してやまない活火山エトナの天然ハーブ10種類以上とザクロのエキス、オレンジの皮。甘くて飲みやすく、食後酒の強いお酒は苦手、という方にも、ぜひ試していただきたいです。

アガタマンマのおすすめは、ゆっくり食後に甘いデザートと一緒にロックで。夜に女友達とお出かけするのも大好きな彼女は、バーなどでカクテルにしてもらうのもお好き。

amaroindigeno.it

━━ 日本で購入できるお店 ━━

シチリア屋（シチリア料理のレストラン）

東京都文京区白山1-5-5MC白山ビル1階
TEL：03-5615-8713 / sicilia-ya.com

━━ おすすめカクテル ━━

シチリア風ZEN

材料

アマーロ・インディージェノ… 30㎖
ベルモット… 30㎖
日本酒… 30㎖
セージの葉（またはオレンジピール）… 適量
ざくろの実… 数粒

作り方

1. グラスに氷を入れ、材料のリキュール類すべてを注ぐ。

2. バースプーンで回し、ざくろの実で香りづけし、あればセージの葉またはオレンジピールで飾りつけする。

Indice 主な食材別索引

< 肉類・肉加工品 >

ウサギ肉
ウサギ肉の白ワイン風味 077

牛と豚の合いびき肉
パスタのオーブン焼き 057
米のティンバッロ 064
ポルペッテのトマトソース煮 068
アランチーニ 106

牛ひき肉
ピスタチオとクリームチーズのポルペッテ 069
マンマのミートローフ 070

牛肉
牛肉のクスクス 062
ファルソマーグロ 072
牛肉のピッツァイオーラ(ピザ職人)風 073
牛肉のスペッツァティーノ 074
パレルモ風コトレッタ 075
メッシーナ風肉巻き 076

鶏肉
鶏肉のレモン風味 078

ハム・パンチェッタ・モルタデッラ
なすのインヴォルティーニ 027
なすのリピエノのトマトソース煮込み 030
ズッキーニのパルミジャーナ 032
ほうれん草とパンチェッタのリゾット 061
マンマのミートローフ 070
ファルソマーグロ 072
メッシーナ風肉巻き 076

豚皮・グアンチャーレ
白いんげん豆と豚皮のスープ 080

豚バラ肉
豚バラのトマトソースパスタ 056

ラム肉
仔羊のオーブン焼き 079

< 魚介類・魚介加工品 >

アンチョビ・いわし
シチリア風ブルスケッタ 026
シチリアマンマ風ロマネスコのパスタ 046
いわしとチェリートマトのスパゲッティ 051
いわしとフィノッキエットのパスタ 052
いわしのベッカフィーコ 086
カターニア風スカッチャータ 108

いか・たこ
たことじゃがいもとマンゴーの冷製サラダ 082
いかのリピエノ 090

えび
えびとズッキーニのリゾット 058
えびとズッキーニのパスタ 059

さけ・スモークサーモン
じゃがいもとサーモンのガトー 037
サーモンのパスタ ブランデー風味 054

まぐろ
エオリア風パスタ 053
ツナとドライトマトのパスタ 055
まぐろのアグロドルチェ 084

めかじき
めかじきとなすのパスタ 050
シチリア風めかじきのホイル焼き 088
めかじきのインヴォルティーニ 089

干し鱈
干し鱈のサラダ 083

ムール貝
ムール貝とじゃがいもの温製サラダ 092
ムール貝のパン粉オーブン焼き 093

<野菜>

赤玉ねぎ・玉ねぎ
パンテッレリーア島風サラダ 023
定番のカポナータ 024
フライドポテトと玉ねぎのフリッタータ 036
ひよこ豆のスープ 038
サーモンのパスタ ブランデー風味 054
パスタのオーブン焼き 057
牛肉のクスクス 062
米のティンバッロ 064
マンマのミートローフ 070
牛肉のスペッツァティーノ 074
たことじゃがいもとマンゴーの冷製サラダ 082
まぐろのアグロドルチェ 084
アランチーニ 106

かぼちゃ
かぼちゃのアグロドルチェ 031
かぼちゃとピスタチオのリゾット 060

カリフラワー・ブロッコリー・ロマネスコ
ブロッコリーの赤ワイン煮込み 034
カリフラワーのフリッテッレ 035
シチリアマンマ風ロマネスコのパスタ 046

じゃがいも
パンテッレリーア島風サラダ 023
フライドポテトと玉ねぎのフリッタータ 036
じゃがいもとサーモンのガトー 037
牛肉のクスクス 062
牛肉のピッツァイオーラ(ピザ職人)風 073
牛肉のスペッツァティーノ 074
たことじゃがいもとマンゴーの冷製サラダ 082
ムール貝とじゃがいもの温製サラダ 092

ズッキーニ
ズッキーニのパルミジャーナ 032
ひよこ豆のスープ 038
揚げズッキーニのパスタ 049
えびとズッキーニのリゾット 058
えびとズッキーニのパスタ 059
牛肉のクスクス 062

トマト・チェリートマト・ミニトマト・ドライトマト
パンテッレリーア島風サラダ 023
シチリア風ブルスケッタ 026
なすのパテ 028
シチリア風ペーストのパスタ 047
馬車引き夫風スパゲッティ 048
めかじきとなすのパスタ 050
いわしとチェリートマトのスパゲッティ 051
エオリア風パスタ 053
ツナとドライトマトのパスタ 055
干し鱈のサラダ 083
シチリア風めかじきのホイル焼き 088
いかのリピエノ 090
ムール貝とじゃがいもの温製サラダ 092
ミニトマトのパン粉オーブン焼き 093

なす・米なす
定番のカポナータ 024
なすのインヴォルティーニ 027
なすのパテ 028
なすのコトレッタ 029
なすのリピエノのトマトソース煮込み 030
ノルマ風パスタ 044
ノルマ風なすのインヴォルティーニ 045
めかじきとなすのパスタ 050

フィノッキエット・フェンネル
オレンジとフェンネルのサラダ 022
いわしとフィノッキエットのパスタ 052

ほうれん草
ほうれん草とパンチェッタのリゾット 061

< 果物 >

オレンジ（実・皮）
オレンジとフェンネルのサラダ 022
ピスタチオとクリームチーズのポルペッテ 069
ジャムのクロスタータ 100
アガタ流カスタードクリーム 105

マンゴー
たことじゃがいもとマンゴーの冷製サラダ 082

レモン（汁・皮）
鶏肉のレモン風味 078
たことじゃがいもとマンゴーの冷製サラダ 082
干し鱈のサラダ 083
いわしのベッカフィーコ 086
カッサータのオーブン焼き 098
グラニータとブリオッシュ 102

ブラックオリーブ・グリーンオリーブ
オレンジとフェンネルのサラダ 022
パンテッレリーア島風サラダ 023
ブラックオリーブととろけるチーズ焼き 039
エオリア風パスタ 053
ツナとドライトマトのパスタ 055
ウサギ肉の白ワイン風味 077
干し鱈のサラダ 083
いかのリピエノ 090

< チーズ類 >

カチョカヴァッロ
ブラックオリーブととろけるチーズ焼き 039
ファルソマーグロ 072

クリームチーズ
ピスタチオとクリームチーズのポルペッテ 069

トゥーマ・シチリアーナ
カターニア風スカッチャータ 108

パルメザンチーズ
なすのパテ 028
なすのコトレッタ 029
なすのリピエノのトマトソース煮込み 030
ズッキーニのパルミジャーナ 032
カリフラワーのフリッテッレ 035
フライドポテトと玉ねぎのフリッタータ 036
じゃがいもとサーモンのガトー 037
揚げズッキーニのパスタ 049
パスタのオーブン焼き 057
かぼちゃとピスタチオのリゾット 060
ほうれん草とパンチェッタのリゾット 061

米のティンバッロ 064
ピスタチオとクリームチーズのポルペッテ 069
マンマのミートローフ 070
パレルモ風コトレッタ 075
メッシーナ風肉巻き 076
いわしのベッカフィーコ 086
めかじきのインヴォルティーニ 089
ムール貝のパン粉オーブン焼き 093

プローヴォラ
なすのインヴォルティーニ 027
なすのリピエノのトマトソース煮込み 030
ズッキーニのパルミジャーナ 032
じゃがいもとサーモンのガトー 037
米のティンバッロ 064
マンマのミートローフ 070
メッシーナ風肉巻き 076

ペコリーノ
ブロッコリーの赤ワイン煮込み 034
シチリア風ペーストのパスタ 047
馬車引き夫風スパゲッティ 048
米のティンバッロ 064

モッツァレラ
パスタのオーブン焼き 057

リコッタ・サラータ
ノルマ風パスタ 044
ノルマ風なすのインヴォルティーニ 045

リコッタチーズ
巻かないカンノーロ 096
カッサータのオーブン焼き 098

< クスクス・米・小麦粉・コーンスターチ >

クスクス
牛肉のクスクス 062

米
えびとズッキーニのリゾット 058
かぼちゃとピスタチオのリゾット 060
ほうれん草とパンチェッタのリゾット 061
米のティンバッロ 064
メッシーナ発祥リーゾ・ネーロ 104
アランチーニ 106

コーンスターチ
鶏肉のレモン風味 078
アガタ流カスタードクリーム 105

デュラムセモリナ粉
カヴァテッリ 042

マッケローニ 042
カターニア風スカッチャータ 108

薄力粉
巻かないカンノーロ 096
カッサータのオーブン焼き 098
ジャムのクロスタータ 100
復活祭のクッキー 101
グラニータとブリオッシュ 102
アランチーニ 106

マニトバ粉
グラニータとブリオッシュ 102

< その他 >

ケッパー
パンテッレリーア島風サラダ 023
シチリア風ブルスケッタ 026
シチリアマンマ風ロマネスコのパスタ 046
エオリア風パスタ 053
ツナとドライトマトのパスタ 055
たことじゃがいもとマンゴーの冷製サラダ 082
干し鱈のサラダ 083
いわしのベッカフィーコ 086
シチリア風めかじきのホイル焼き 088
めかじきのインヴォルティーニ 089
いかのリピエノ 090

白いんげん豆・ひよこ豆
ひよこ豆のスープ 038
白いんげん豆と豚皮のスープ 080

ドライレーズン
定番のカポナータ 024
いわしとフィノッキエットのパスタ 052
いわしのベッカフィーコ 086

生アーモンド
なすのパテ 028
シチリア風ペーストのパスタ 047
メッシーナ発祥リーゾ・ネーロ 104
カターニア風アーモンド・チョコレート 105

ピスタチオ
かぼちゃとピスタチオのリゾット 060
ピスタチオとクリームチーズのポルペッテ 069

松の実
定番のカポナータ 024
なすのパテ 028
いわしとフィノッキエットのパスタ 052
いわしのベッカフィーコ 086

小湊照子 Teruko Kominato

2009年よりシチリアに在住。現地で観光のプランニングや手配のほか、イタリアを中心にヨーロッパ各地でテレビをはじめとするメディアのコーディネートを行う会社 Way S.A.S. の経営者。著書に旅のヒントBOOK「太陽と海とグルメの島 シチリアへ」（イカロス出版）がある。シチリア現地情報満載のサイトも運営している。
siciliaway.com

アガタ・ディ・フェーデ Agata Di Fede

シチリアのカターニア出身、一男二女のお母さん。幼い頃から、おばあちゃんやお母さんから、マンマの料理を習ってきた。子どもの手が離れてから、シチリアの観光地、タオルミーナでレストランを経営したり、料理教室を行ったり、料理関連でテレビや雑誌、メディアにも意欲的に出演。近年は、エトナ山のハーブや薬草、ザクロで作るリキュール、アマーロ・インディージェノ（Amaro Indigeno）をプロデュースするなど、多方面で活躍している。料理教室など各種お問い合わせは info@siciliaway.com まで。

文	小湊照子
料理監修	アガタ・ディ・フェーデ
写真	サンティーノ・トリフィロ（Santino Trifilò）
デザイン	大井綾子（FROG）
校正	坪井美穂
編集	坂田藍子

マンマが教える
シチリアの
おうち
ごはん

2021年4月1日 初版発行

著者　　小湊照子 ©Teruko Kominato 2021
発行者　塩谷茂代
発行所　イカロス出版株式会社
　　　　〒162-8616
　　　　東京都新宿区市谷本村町 2-3
電話　　03-3267-2766（販売）
　　　　03-3267-2831（編集）

印刷・製本所　図書印刷株式会社

Printed in Japan